¡Hazlo ya!

¡Hazlo ya!

Los 7 conceptos del éxito personal

¡Advertencia del contenido de este libro!

Te invito a leer… bajo tu propio riesgo. ¿Te atreves?

Por **E. J. González**
© **Descambiando**

Obra editada por el autor.

Diseño de portada y colaboración: Departamento de Diseño Editorial y Gráfico, Grupo Descambiando.

© 2021, Héctor Eric Jiménez González

De todas las ediciones en castellano,

©2021, Grupo Descambiando.

Derechos Reservados

Grupo Descambiando
www.descambiando.com

Todos los derechos reservados. Ninguna porción de este libro podrá ser reproducida, almacenada en ningún sistema de recuperación, o transmitida en cualquier forma o cualquier medio, mecánico, fotografía, fotocopia, grabación u otro, excepto por citas breves en revistas impresas, post de redes sociales o cita de libro, sin autorización previa dando los créditos correspondientes.

País: México
www.descambiando.com

Mi propósito de vida:

"

Influir en ti para tener una mejor calidad de vida mediante acciones concretas, sólidas y fáciles de transmitir en diversas áreas de tu vida como la personal, espiritual y financiera.

".

E.J. González

Hagámoslo juntos. Hazlo ya.

Dedicatoria

Primero que nada, por supuesto que este libro se lo dedico a mis padres y a mi hermana, seres inspiradores y llenos de luz. A mi mamá solo puedo decirle que es la persona más importante en mi vida, te doy las gracias por influir tan positivamente de la manera en la que lo haces en mi. A mi papá, siempre con algo que decirme, con su forma de ser tan especial e irreverente, todo un ser distinto, o como decimos mi hermana y yo, "Pa… eres todo un personaje" a lo que siempre nos responde de forma siempre tan peculiar "A web… (a fuerza)".

Gracias a ambos porque todos estos años y cada uno, a su forma, me han apoyado incondicionalmente, gracias por ese amor tan especial de padres. A ti hermana, simplemente todo, gracias por escogerme como tu hermano mayor, eres mi orgullo y una inspiración de mujer, gracias por tu incondicional apoyo y tu forma de hacerme notar y sentir que siempre estás ahí.

En segundo lugar, también dedico este mi primer libro, a todas esas personas que han sumado e influenciado de forma positiva en mi vida, a aquellos que incluso se han agregado de último momento, seres muy especiales, a todos ustedes, muchas gracias. Por supuesto que ustedes saben quienes son.

Por último, te dedico este libro a ti querido lector, sin ti esto no sería posible, te pido que este ejemplar que es únicamente para ti, disfrútalo y no descartes su interior, no deseches lo que no conoces, sé irreverente, atrévete a cambiar tus viejos moldes. Mi obra contiene conceptos, *ideas y enseñanzas diseñadas para ti, por eso te lo dedico, porque lo escribí para ti.*

Con mucho cariño... E.J. González

Prólogo

<u>¡Advertencia!</u>

"Si lees este libro, te garantizo que te voy a lavar el cerebro, comenzarás a creer en ti y en el potencial que tienes para lograr todo lo que te propongas".

E. J. González

En estas páginas te encontrarás **los 7 conceptos del éxito más poderosos y fáciles de seguir**. ¿Te atreves a tener una vida como la deseas?

¡Sin miedo quiero ayudarte a alcanzar ese éxito!

Abre y disfruta de estas páginas, estoy seguro de que aportarán algo positivo a tu vida.

Gracias y bienvenido, creo que ha quedado clara la advertencia.

Antes de iniciar esta aventura, quiero platicarte un poco del *por qué* me he decidido a escribir este libro.

Fíjate que mi manera de pensar, de sentir y de actuar, cambiaron de sobremanera durante mi primera experiencia espiritual en el año 2008.

A partir de aquella maravillosa sensación, definitivamente mi vida ha sido totalmente distinta, definitivamente un cambio de más de 360°, en lo personal ha sido un antes y un después, todo lo que he aprendido a partir de ese momento y a lo largo de mi vida, me han transformado en el ser humano que soy ahora.

Esta situación ha sido apasionante, en lo personal, nunca me hubiera imaginado estar redactando el prólogo de mi primer libro, siempre llegué a pensar que leer era algo aburrido, la mayoría de las ocasiones me ocurría algo gracioso, siempre me dormía intentando leer. Creo que no fui el único, ya que al pasar del tiempo noté por comentarios y experiencias que esto les pasaba a varias personas.

En mi infancia y adolescencia, no me llamaba la atención leer, siempre me decía a mi mismo:

"¿Cómo es que mi mamá puede leer tanto y tan rápido?".

De verdad era muy gracioso, porque yo tenía ese deseo de intentarlo, pero siempre, siempre, me quedaba dormido, me cansaba mucho, me distraía, procrastinaba y no te hablo de la sensación como de pasión por leer más porque era inexistente. Estoy un 99% seguro, que, sino tenías o no tienes el hábito de leer, esta es una de las razones.

Gracias a la transformación que he decidido realizar para mi vida, te puedo decir que hoy leo en promedio y como mínimo, 1 libro máximo cada 10 días, hay en ocasiones en el mes que leo más de 4, otras veces solo alcanzo a leer menos y esto es por las diversas actividades que tengo que desempeñar, pero te aseguro que darme ese espacio para mi es primordial.

¡Una pausa breve! No te he contado sobre mi, así que aprovecharé la oportunidad, mira, yo soy médico de profesión. Tengo estudios extras en varias áreas, sobretodo en la del dolor y en administración, también me gusta mucho el dibujo y el diseño. Puedo decirte sin pena que me considero un amante de la tecnología, las consolas y videojuegos, también me gusta tocar la gaita (espero que ubiques este instrumento... y no... no toco con "faldita"), además de muchas otras actividades que llego a desempeñar.

Ahora te digo que dentro de mis actividades y gustos personales se encuentra también la lectura. Hoy en día, me es difícil dejarla, estar constantemente en investigación, actualizaciones médicas, de verdad es ya una constante. En mi diario vivir sino busco algo en qué informarme o algo nuevo que aprender, me siento inquieto e incómodo.

Con todo esto quiero decirte que no deberías sorprenderte, todos tenemos situaciones así, yo soy de México, y créeme que la educación aquí se enfoca mucho en el siguiente concepto:

"Estudia mucho para que tengas un buen empleo, se bueno en tu empleo para conservarlo, trabaja muchísimo para intentar tener dinero y a los 65 años, ya retírate viejo y cansado".

¿Te suena? Quizá eres de esa mayoría (incluyéndome) que fuimos educados así.

Se lee muy raro este concepto, pero es un resumen de cómo nos educan, y así funciona la mayoría de las personas.

Gracias a Dios he logrado tener la bendición de vivir una experiencia espiritual, la cual me preparó y dió las bases para buscar ese algo, ese:

¿Para qué vine a este mundo?

Quizá piensas que como médico es muy fácil responder esa pregunta, pues yo te digo que no, porque incluso a nosotros los médicos nos forman mucho con la bandera romántica y utópica de:

"Yo soy médico porque quiero ayudar a mucha gente".

Créeme que esa famosa frase se dice comúnmente entre estudiantes de medicina, en lo personal es muy romántica y tiene muy buena intención por supuesto, pero no tiene una base con sentido real y propio. Recuerda, yo te lo digo desde mi experiencia.

Seamos realistas, si estás aquí, no es casualidad, es porque tu interno está en busca de "algo", ya sea de sentido, de propósito, de orientación, de lo que tú quieras. En algún momento de mi vida también perdí el sentido, pero poco a poco lo fui recobrando hasta lo que soy ahora.

Te reitero mi agradecimiento por estar aquí y darle un poco más de sentido a mi vida, sumar a mi propósito de vida que es que la calidad de la tuya mejore.

…para iniciar la lectura…

Para poder disfrutar y aprovechar al máximo de estos conceptos quisiera pedirte 3 cosas sumamente importantes:

**Primero,
DISPOSICIÓN…**

¿Qué estás dispuesto a hacer por cumplir tus sueños, por cumplir tu objetivo más anhelado… por ser feliz?

Necesito que tengas la mayor disposición a tu alcance para poder leer y comprender estos conceptos, conocerás y te vas a adentrar a lo que a partir de este momento conocerás como ***"Modo Descambiando"***.

Por ahora no preguntes más cosas, relaja tu mente, serena tu alma, calma tu espíritu, ten la disposición para hacer algo que nunca realizaste, así es, considera aquello que quizá desde la infancia decidiste olvidar por alguna influencia de terceros. Sí… aunque hayan sido tus padres aquellos que han influenciado en que dejes tus sueños… y si eres uno de esos papás que "por el bien de sus hijos" les ordena qué hacer… dame la oportunidad de platicarte sobre estos siete conceptos, de cómo los he aplicado a mi vida y de cómo vivo hoy en día, ya que te puedo asegurar que tu forma de pensar, sentir y actuar, cambiarán.

Absolutamente todo lo demás "se te dará por añadidura" esto te lo puedo garantizar, cambiemos el mensaje que estás mandando al universo, a ti mismo, a tu mente, a tu familia y a tu alrededor.

Recuerda... Disposición.

Segundo, MENTE ABIERTA Y RECEPTIVA...

¡Por supuesto! Si ya estás dispuesto a por lo menos enterarte de qué van estos siete conceptos, quisiera pedirte la consideración de no descartar este contenido, escucha abiertamente estos conceptos y gracias por la disposición de abrir tu mente.

Ya lo verás en unas páginas más adelantes, la mente es uno de los ejes rectores de estos conceptos que te garantizarán el éxito en todo lo que realices, ya lo verás.

La menta abierta y receptiva se refiere a que tengas esa apertura de recibir, analizar y en su caso, aplicar estos conceptos de éxito, mantén esa alerta mental, no te cierres a que solo tu tienes la verdad. Deja a un lado tu ego, no te estoy diciendo que el ego sea algo "malo", solo analiza dónde estás parado hoy.

Si realmente te ha funcionado tu manera de pensar, sentir y actuar que ha dado como resultado que eres una persona plena, feliz, financieramente libre y con una familia ejemplar, entonces quizá este libro y sus conceptos te van a sumar al conocimiento que ya tienes.

Pero claro... si eres una de estas personas que acabo de mencionar, seguramente tienes una sonrisa en el rostro, ya que tu has logrado abrir tu mente y por lo tanto estás dispuesto a leer estos conceptos de éxito como una suma o complemento a lo que ya has logrado.

¿Ves la diferencia?

Entonces sigamos, sin miedo, recuerda hacer consciente activar el "Modo Descambiando". Dejemos atrás los viejos moldes, superemos aquellos fantasmas atormentadores del ayer, eso ya no suma.

Hay un pensamiento que me ha llegado hasta el corazón:

"Centrarse en lo que ya has hecho es aumentar tu ego. Centrarte en lo que te queda por hacer es aumentar tu humildad".

Por esta razón, te pido esa mente abierta y receptiva, vayamos hacia adelante, encontremos juntos aquello que estás buscando y, por cierto, gracias por permitirme hacerlo contigo.

Tercero, ACTITUD...

Cuando hablamos de actitud, la mayoría de las veces podemos referirnos al estado en el que nos encontramos.

¿Cuántas veces no hemos escuchado esa frase de tener "actitud ante la vida" ?, incluso en circunstancias más específicas cuando se refieren a la ausencia de esta ante la adversidad.

Tu sabrás cuál pondrás o vivirás, yo lo único que te estoy pidiendo es que la tengas. Elige si es que quieres continuar viviendo así.

Siempre se puede mejorar, siempre podemos ser una mejor versión de nosotros mismos, pero en la mayoría de las ocasiones nos hace falta eso... actitud.

Cuando consideramos que la actitud es el comportamiento que adoptamos ante cualquier circunstancia, nos disponemos a analizar las situaciones a las cuales nos enfrentamos día a día.

Nuestra actitud va a contribuir a determinar una variedad de comportamientos en relación con las convicciones y sentimientos acerca de ella, ya sean acciones de rechazo o de atracción.

Nuestro ser, visto como un todo, tiene la capacidad de coordinarse y demostrar tanto en la parte emocional como en la física, la actitud que adoptamos ante las diferentes circunstancias.

En verdad, actúa como si lo que haces día a día marcara alguna diferencia en la vida de los demás, porque te puedo asegurar que es así.

No esperes el momento perfecto, toma tu conocimiento, plásmalo y publícalo, no esperes un momento ideal, las oportunidades no pasan solas, las creas.

Prepárate para entrar en "Modo descambiando", quebremos juntos estos viejos moldes, no importa la edad que tengas, si tu sientes que lo que tienes hoy no te llena del todo por completo.

Gracias por darme esta oportunidad...

Te recomiendo que nuevamente leas la advertencia que trae consigo este libro. ¡Bienvenido!

Concepto 1

La Mente

Te doy la bienvenida nuevamente y te doy las **gracias** por leer este libro, que como te he contado, tiene la única finalidad de ayudarte, de impactarte, de aportar un poco a tu vida y de llevarte a la reflexión del **¿Cómo vives ahora?** Y trates de contestar una de las preguntas que más introspección genera, **¿Eres feliz?**

*"Eres poseedor **exclusivo** de una mente y de sus **capacidades** intelectuales"*

Hoy en día debemos considerar el concepto de la mente humana, como el conjunto de **capacidades** intelectuales de una persona, así es, eres poseedor **exclusivo** de este elemento, es maravilloso saber como la percepción, el pensamiento, la consciencia y la memoria son características únicas del ser humano, el cual tiene la ventaja de poder desarrollar estos procesos sin límite alguno, en muchos sitios se considera como un sinónimo de pensamiento, propósito, designio y voluntad, entre otras.

¿Sabes qué clase de **potencial** tienes?

La mente prácticamente nos da un potencial ilimitado para vivir, somos la única especie en este planeta que cuenta con esta increíble capacidad.

Reflexionando un poco, en muchos sitios, libros y videos nos encontramos con frases trilladas o muy gastadas como:

"¿Consideras que hoy usas tu máximo potencial?"

Al inicio podría ser consciente de que **NO**, hoy no uso mi máximo potencial, que me falta ese "algo".

Seguramente he entrado a una zona de confort que me tiene con una comodidad bárbara, incluso la justifico diciendo frases como:

"Es que vivo bien"

¡PERFECTO!, y no sabes quéé gusto me da que vivas bien, que no tengas carencias, que los aspectos emocionales de tu vida estén estables, si tienes familia, y está en la misma vibración que tú, es el panorama ideal, pero, seamos realistas, ese panorama **NO ES REAL,** suena a un cuento.

Si algo nos ha enseñado Disney, es que la vida es una y siempre hay un final feliz, pero... *¿Cuál es tu final?*

"Deja de vivir en un cuento y
enfócate *en tu realidad,*
¡SÉ HUMILDE!"

Si algo me queda claro es que no creo que ya quieras vivir tu final.

Aunque no sabemos cuándo será, considera ese estado de felicidad propio y el de las personas que están a tu alrededor.

El panorama cambia ¿Cierto?, seguramente, aunque **eres consciente de que no usas tu máximo potencial** como persona, cuando hablamos de una zona amena, confortable y lo relacionamos con el vivir bien, nos figuramos inmediatamente **al dinero** o ¿me equivoco?

Te aclaro que, en estas páginas, no vamos a cuestionar los ingresos, ni las cantidades, únicamente estamos simplemente analizando **la mente.**

En estos tiempos, te has dado cuenta de que siempre tenemos la tendencia de relacionar el **vivir bien** con ¿Cuánto dinero tienes?

Hay mucho que debemos **desaprender** y **descambiar** aún.

El relacionar el concepto ***"Vivir bien",*** con el dinero, no está nada mal, al contrario, la mayoría lo relacionamos a la capacidad económica que tenemos, pero en este mundo, unos **tenemos mas**, otros menos... la variable es indiscutible.

A lo largo de la historia, hemos descubierto algo que esta implícito de forma **inconsciente** en nuestra mente y en nuestros pensamientos:

"La capacidad monetaria que generamos, nos puede poner arriba o debajo de una escala imaginaria que nos implementamos como seres competitivos por naturaleza".

¿Interesante no lo crees?

Mira como estamos envueltos en un entorno social del cual somos presa, somos **seres programados y** nos han implementado **en nuestra mente subconsciente,** el concepto de llegar ser ese *"alguien"*.

Ese "alguien", es la persona que quizá nos dijeron que nos iba a llevar a la fama, al protagonismo y, en consecuencia, a ganar **mucho dinero**, es decir, el estereotipo ideal de una persona exitosa.

Desafortunadamente nuestra mente tiene muy grabado este concepto:

<u>*Éxito = Dinero, más dinero = Más éxito*</u>

...y así de forma sucesiva.

Somos seres programados a: **"Éxito es igual a dinero"**, desde el nacimiento.

Con base a este concepto y siguiendo la lógica, podemos deducir lo siguiente:

"Si no tienes dinero, entonces no tienes éxito".

Sí, lo sé, esto puede ser debatible, pero ese no es el objetivo que tengo contigo.

Ahora te pido solo **unos segundos** de tu tiempo para que pienses lo siguiente:

¿Qué clase de mente tengo?

Primero que nada, debemos ser consciente de que vamos a trabajar en eliminar, desaprender y descambiar el siguiente concepto:

"Si tengo dinero yo valgo algo *y* si no tengo dinero *entonces no valgo nada"*

Seguramente, este concepto no lo gritas a los cuatro vientos, pero, **se consciente** que en tu subconsciente este concepto esta programado desde tu nacimiento.

Continuamos... unos segundos de reflexión...

Si en estos momentos, te despiden, te accidentas o pierdes tu empleo y/o ingreso del cual tu y toda tu familia dependen...

¿Qué pasaría?

¿Te has planteado este escenario alguna vez?, te aseguro que, así como yo, al entrar a estos breves periodos de reflexión pensaste lo siguiente:

"Mi mente no está preparada

para un panorama así"

Te invito a pensar en tu situación actual y respóndete a ti mismo esto:

¿Tú crees que el dinero puede comprar la felicidad?

Mi respuesta tajante y directa es

¡SÍ, POR SUPUESTO!

En cambio, tu respuesta, así como la de muchos, quizá pudo ser:

"¡NO! ¿Cómo crees que el dinero pueda comprarme la felicidad? ¡Estás loco! Eres un materialista..."

...y muchas otras cosas más...
Ahora lo explicaremos, quiero plantearte lo siguiente, piensa en una satisfacción personal como **llevar a tu familia de viaje.**

Esta situación tiene el objetivo de fomentar unión, que puedas compartir los resultados de tu esfuerzo en el trabajo o de tu ahorro con esas personas especiales, esta situación generó felicidad ¿Cierto?

En consecuencia, y para generar ese ambiente simplemente se tuvo que realizar un gasto, o sea que ocupaste dinero,

¡Lógico!, era tan obvio, ¡Sonríe! Por eso estás aquí, porque estás en esa búsqueda, **quieres algo distinto,** yo tengo esa misma hambre todos los días y es lo que me motiva día a día.

¡TAREA PRINCIPAL!

Este es el concepto que es importante **desaprender** inmediatamente...

*"Si tengo dinero **yo valgo** y si **no** tengo nada, entonces **no valgo** nada"*

Te acabas de dar cuenta de que el dinero puede comprar la felicidad, **el problema es el concepto** tan erróneo que tienes de él...

¿Confundido?

No te preocupes, cuando me comencé a dar cuenta de estas realidades yo también me confundí. Darme cuenta de que **mi mente subconsciente** tenía pensamientos y propósitos erróneos relacionados con el dinero fue duro, fue frustrante, pero…

… ¡Siempre hay soluciones!

Nuestra **mente es un instrumento** maravilloso y tiene un potencial increíble e inimaginable. Considera que ese potencial que tenemos nos puede generar complicaciones en nuestra situación personal, ¿Lo has notado?

Las situaciones que vivimos actualmente son el resultado de un conjunto de experiencias las cuales nos nutren, **nos forjan** y nos han hecho los seres humanos que somos hoy en día.

El carácter y nuestra personalidad son componentes únicos e invaluables que tenemos como seres humanos,
**¿Te has puesto a pensar
lo increíbles que somos?**

Ya sé, tu respuesta es **NO** y no te culpes, es normal que nosotros mismos pasemos a un segundo término en las prioridades de nuestras vidas.

Por esta razón, quiero que tengas consciente un concepto importante:

Somos una suma de experiencias previas y de conocimientos implícitos en nuestra mente.

Esto es real, es muy cierto que, de estas experiencias y conocimientos, tuve que desaprender bastantes. **Nuestra mente** puede ser considerada un almacén bastante grande de información y muchas veces perceptible como infinito, **esta idea es errónea.**

Nosotros guardamos una cantidad importante de **datos selectivos**, por esta razón, quizá no recuerdas que comiste hoy exactamente hace tres años, ni la ropa que llevabas, pero quizá recuerdas lo que comiste en tu cumpleaños hace 5 años.

Esto de debe a que tu mente ha decidido seleccionar esos datos como **relevantes** y esa es la razón del por qué lo tienes tan presente; así pasa con nuestra educación.

Por si no lo recuerdas, yo soy de México, te hago esta puntualidad porque aquí en Latinoamérica, en general, la educación y sobretodo la financiera es muy precaria.

Si combinas esta penosa estadística con las creencias locales, en su mayor parte religiosas, nos imponen ciertos conceptos que hoy en día no somos conscientes de cuánto daño y cuanta afectación nos han generado.

Te daré un ejemplo muy concreto, ¿Quién no ha escuchado los siguientes conceptos?...8

'El dinero es malo;
El dinero es una mierda;
El dinero es el origen de todos los males;
Yo soy pobre, pero honrado;
Cuando me muera no me llevaré nada a la tumba;
Ricos son los que menos necesitan;
Te invito a mi pobre casa;
Yo me gano unos centavitos o pesitos
Ahí tiene su pobre casa"

Qué tal, ¿Te suena familiar?

Admítelo, alguna vez lo has dicho o escuchado de alguien muy muy cercano; incluso suena raro leerlo así, hasta gracioso te puede parecer.

Hagamos una pequeña pausa, disculpa, no sabes lo difícil que es escribir estos **conceptos tan pobres** y lastimosos.

Estoy casi seguro de que **tú mismo** los has dicho o pensado alguna vez, en realidad no existe persona alguna que no esté relacionada con estas ideas o conceptos.

Hemos vivido educados desde el nacimiento de forma **consciente o inconsciente** pensando que el dinero es malo o es el origen de todos los males y no es así.

*'**El dinero** es malo,*
el dinero es una mierda,

el dinero es el origen de **todos los males**"

¡TAREA PRINCIPAL!

Desaprende este concepto inmediatamente por favor... se que no es sencillo, pero quiero motivarte, quiero influir en ti, por eso...

¡Te tengo un regalo!

Vamos a comenzar re-programando tu mente desaprendiendo y **descambiando** algunas ideas.

¡Así es! En este momento, vamos a comenzar a dar algunos pasos rumbo a esta nueva vida que te espera, llena de abundancia, mucha salud y amor.

Esto es muy sencillo, te tomará **tan solo unos 30 segundos** comenzar a re-programar esos pensamientos, a desaprender todos esos conceptos que no sirven.

¡Descambia tu vida, es tu oportunidad!

*"La mente hace la diferencia entre **el éxito** y el fracaso en la vida **de una persona**".*

No hay duda, de que uno de los **mayores deseos** del ser humano es la posibilidad de crear su realidad tal y como la imagina.

Ser el creador de su destino.

Sin embargo, el muy poco conocimiento que tenemos acerca de nuestra mente, nos ha hecho creer que esto es cuestión de ciencia ficción y eso no es verdad.

Actualmente, la ciencia moderna está demostrando que efectivamente, nuestra mente, es la verdadera creadora de nuestra realidad.

La realidad en la que vives hoy es aquella que **has creado por ti mismo,** la que tu mente ha creado para ti mismo, quizá no te hayas dado cuenta de esto, no te preocupes, todos hemos pasado por esa situación.

Sin embargo, quiero felicitarte nuevamente y **darte las gracias**, te has determinado en dar pasos firmes a un cambio, un nuevo rumbo, una nueva vida.

Como te comenté, aquí vamos a explicarte lo que **NO debe faltarte en absoluto**, para cumplir con mayor rapidez la distancia entre la vida que tienes y la vida que deseas.

Aprenderás a **crear el éxito** que deseas, esto será gracias a que entenderás como es que funciona tu mente y tu cerebro; si a esto le sumas en conjunto tus acciones, todo jugará a tu favor todo el tiempo.

¡Vamos a comenzar!
¿Te atreves?

En primer lugar, una mente consciente, es una mente que es capaz de transformarse y mejorar.

Para lograr esto, se requiere de una serie de pasos que permitan llevar a nuestra mente a funcionar de una forma programada para llevar al éxito, la prosperidad y la felicidad.

Te sugiero que dejes de estar escondiendo inconscientemente los programas mentales del pasado.
Estos programas por lo general conducen a la mente y a las personas a un lugar donde realmente no desean estar, generando una creencia de incapacidad personal.

¡Te invito a seguir estos 4 pasos!

Tu nueva forma de vivir,
pensar y actuar está garantizada.

Primer paso
CONFIGURA TU MENTE

"Eres y serás lo que quieres ser".

Así como eres lo que comes, también podríamos deducir que **eres lo que piensas.**

Si te propones trabajar para alguien como empleado, buscarás un trabajo, y estarás satisfecho trabajando como empleado.

Sin embargo, si estructuras tu mente apropiadamente para alcanzar una libertad financiera, seguramente **encontrarás los medios para generar riqueza.**

Esto es un gran paso, toma en cuenta que cuando lo logres, las presiones y molestias de ser un empleado desaparecerán.

Parece que la mentalidad de muchas personas casi siempre está preocupada por trabajar como empleado, y es tanto así que, hoy en día, ignoran involuntariamente cruzar dicha línea para ver cómo pueden crear riqueza real.

Al igual que una moneda, nunca se molestaron en mirar y descubrir, cómo se siente estar al otro lado de ella.

Tener un trabajo como empleado, te permite ganar lo suficiente para cubrir tus gastos diarios, y aunque tus ingresos están garantizados, también son muy limitados.

¿Lo has considerado?
Yo creo que no.

Actualmente, algunos de los empleadores pagan lo suficiente para que los empleados sigan viviendo al día y no renuncien, en consecuencia, los empleados trabajan lo mínimo necesario para que no los despidan.

Un ciclo sin fin, **¿No te parece?**

Subconscientemente, si eres un empleado, el lado creativo de tu mente no se pone a trabajar a plena capacidad, puede que estés haciendo rico a alguien, pero definitivamente…

…ese alguien no eres tú.

Normalmente, tu cedes el control de tus finanzas a alguien, en consecuencia, estás a merced de ese alguien.

Si el negocio en el que estás se hunde, tu te hundes con él, **¿Lo has pensado?,** pero… si ese negocio sube, lo más probable es que tu empleador… **¡SUBA SOLO!**

En consecuencia, tu **te quedarás como estás**, entregar las finanzas a alguien, es como tener el futuro en las manos de otra persona, no en las tuyas.

¡Cuidado! No estoy diciendo que los empleadores sean unas malas personas, no lo tomes así, primero, ellos proporcionan empleos y activan la economía, eso es algo muy bueno.

Solamente te estoy describiendo una de las realidades más comunes de la vida, realidad, que apenas notamos porque siempre nos educaron así.

¿Para qué te han educado? O ¿Para qué has educado a tus hijos?

Acaso no te dijeron… o quizá… tu se lo dices a tus hijos…

"Estudia mucho; **Saca siempre diez de calificación;** *Sé el mejor en los estudios;* **Solo así encontrarás un excelente empleo y podrás ganar mucho dinero.***"*

A mí me suena muy familiar ese concepto, **¿A ti no?**

Si te dedicas a los negocios, al final terminas siendo tu mismo un empleador, estoy abriendo el área financiera de tu mente.

Por favor observa tus manos, que las palmas estén hacia arriba, esto, simboliza recepción, algo así como esperar algo, y no es que sea malo, ni mucho menos, pero por qué no cambiamos de acción, ahora te pediré que coloques las palmas hacia abajo, esto cambia, ahora simbolizan la maravillosa y muy satisfactoria acción de **dar.**

Los empleados reciben, los empleadores dan.

Y aquí es donde yo te pregunto,

¿Cómo quieres que esté la posición de tus manos o las de tus hijos en el futuro?

Esto es impactante ¿No crees?, es una situación tan común que puedo asegurarte, que justo hasta ahora mientras lees este libro, ya la estás haciendo consciente.

Para poder darnos cuenta y corregir este tipo de situaciones en nuestra vida, **debemos ser conscientes** de las cosas.

Ten claro el siguiente concepto:

"Sino hacemos consciencia de las situaciones a nuestro alrededor, no podemos tomar ningún tipo de acción en ellas"

Todo lo que te he descrito anteriormente, son características de las personas que están dentro de la famosa ***"Carrera de la rata"***.

Pero el hecho de que estés leyendo este libro, confirma que tú estás cruzando la línea, **estás configurando tu mente.**

Te has interesado en **crear riqueza**, eso es un factor de suma importancia para la seguridad financiera.

¡FELICIDADES!

Tu iniciativa llevará a tu mente a un mundo fuera del alcance de la "Carrera de la rata", y una vez que te establezcas fuera, ¡El trabajo continúa!... pero de forma distinta...

¡Trabajas para ti mismo!

Por fin hemos logrado dejar de trabajar para otras personas, es un proceso, no te desesperes, esto es paso a paso. Tu mente a partir de ahora tendrá una forma distinta de percibir las cosas.

Cuando trabajas para ti mismo, no significa que estés siendo egoísta, **¡Ojo!**, solamente estás **siendo inteligente,** nadie va a cuidar de tu seguridad financiera, excepto tú mismo.

Como conclusión de este **primer paso**, es que configures tu mente con la idea de que está bien ser un empleado, pero no te quedes como tal por mucho tiempo.

Te hablo por experiencia propia, será mejor que hagas algo al respecto ahora mismo.

¡HAZLO YA!

Segundo paso
PIENSE Y HÁGASE RICO

Este segundo paso suena muy fácil ¿No es así?, mi objetivo no es regalarte una receta mágica donde de la noche a la mañana te caigan billetes de 100 USD como lluvia.

Este paso tiene mucha relación con aquel libro del mismo nombre escrito por Napoleón Hill ya hace varios ayeres.

**Por cierto, aquí entre nos, te recomendaría que le dieras una leída, está bastante interesante.

Bueno, dejemos las recomendaciones un momento, para cuando termines este libro.

Ahora quisiera darte una frase que espero guardes en tu mente y en tu corazón…

*"**Los pobres trabajan por dinero**… los ricos hacen que el dinero trabaje para ellos"*

Mira, en otras palabras, esto significa que **los pobres trabajan para ganar dinero** a cambio de sus servicios, esto lo hacen para pagar las cuentas y todos los demás gastos corrientes que tienen.

En cambio, los ricos, **usan el dinero para ganar más dinero**, ya sea invirtiendo en negocios o haciéndolos, además de emplear los servicios de otras personas.

Es por esto, que no necesariamente tienen que estar presentes físicamente para mantener la estabilidad del negocio.

Ahora, en relación con el pensamiento cotidiano te pediré que prestes mucha atención al siguiente ejemplo:
Son dos personas que están admirando un yate, <u>la persona que quiere seguir siendo pobre diría lo siguiente:</u>

"No puedo permitirme comprar un yate parecido"

En cambio, la persona que elige encontrar formas de crear riqueza diría:

"Tengo y haré algo para tener un yate igual o mejor"

El proceso del **pensamiento de los pobres** de cómo hacer dinero, se cierra automáticamente.

En cambio, el proceso de **pensamiento de los ricos** funciona para determinar las formas en que pueden ganar dinero y así, puedan permitirse comprar lo que sea que quieran.

¡ESA ES LA GRAN DIFERENCIA!

*¿Cómo es tu **pensamiento**?*

¡No me respondas!
Todos, absolutamente todos los que fueron educados de una manera rencorosa al dinero, o incluso simplemente los que no tuvieron una educación financiera desde la infancia...

¡Tienen mente pobre!

Y me incluyo en su momento, entonces no te preocupes, no te molestes, no te exaltes, realmente es una mentalidad esperada para el tipo de formación que muchos recibimos.

Matar mi mente pobre, no ha sido fácil, ha sido un proceso que he decidido ir trabajando y créeme, los resultados han sido notorios.

Esta es una de las razones por las cuales escribo este libro, esta guía, estas palabras, porque estuve en la búsqueda de orientación.

Mi deseo es **que tu encontraras por lo menos un paso firme que dar, en búsqueda del cambio que esperas para tu vida.**

Considera que tú puedes crear y atraer tanto dinero como tú desees.

Tomando a consideración estos principios, te has dado cuenta de que **todo está en la mente**, es lo que tú eliges para pensar y actuar, lo que produce el dinero que tú tienes.

"Lo que crees que puede ser, será"

Por favor, algo muy importante y fundamental en este paso…

"Siéntete rico, y agradece por ello"

Lo que estoy a punto de mostrarte a continuación, es una manera simple, pero **muy poderosa** de atraer riqueza y prosperidad a tu vida.

Primero, imagina…

¿Cómo sería la vida si fueras rico?

Es muy importante que no te limites a solo visualizarlo, **siéntelo como si ya fuera realidad**, como si ya experimentaras esos lujos y el nivel de vida que siempre has deseado.

Mira cómo **conduces el coche** que siempre has deseado, visualiza el modelo del coche, el color, el tacto...

... ¡Vamos! Enciende esa pantalla, conecta tu teléfono, **¿Escuchas eso?** Es tu música favorita sonando por todo el auto...

...siente esas vestiduras suaves, firmes, y ¡Claro!, cómo pasar por alto esa fragancia del llamado *"el mejor perfume del mundo"*, ese exquisito olor a auto nuevo...

...experimenta esas emociones de **alegría y satisfacción** de conducir este auto hacia uno de tus lugares favoritos...

Estoy seguro de algo...
¿Lo sientes verdad?

¡Y se siente muy bien!

Pues este pequeño ejercicio lo puedes aplicar para visualizar absolutamente todo, lo importante aquí es ***creer que ya tienes esa libertad financiera que tanto anhelas.***

Al hacer este ejercicio, estás desatando los poderes de tu mente subconsciente y lo estás dirigiendo para disfrutar lo que estás soñando...

¡Espera!... no termina ahí...

Para que esto sea aún más efectivo, respira lentamente mientras te aferras a esta maravillosa sensación de ser rico y dar gracias por ello.

Al estar agradecido, estás ordenando al universo que trabaje a tu favor.

Estás confirmando que estás aceptando grandiosamente sus bendiciones. Cree y siente que ya eres rico y se agradecido por ello.

¡Te sorprenderás con los resultados! Pero dime una cosa,

¿Acaso es algo complicado?
¿Pierdes algo al intentarlo?

Pruébalo...

¡HÁZLO YA!

Tercer paso
TE INVITO A SER GENEROSO

"Ser grande es fácil... solo extiende la mano, cierra tu boca y abre el corazón"

- E. J. González

Mucha gente piensa, entre ellos estaba yo, que los ricos son egoístas, y es precisamente esa la razón por la que tienen mucho dinero, y claro, aunque esto puede ser cierto en algunos casos, **pero hay muchos más individuos que son ricos y que <u>saben cómo dar.</u>**

Cuando das algo de tu corazón, sin esperar nada a cambio, liberas una poderosa fuerza que desencadena tu buena acción.

Esto tendrá como consecuencia, un rebote de cosas extraordinarias y a veces inusuales.

Al momento de estar escribiendo esta parte del libro, te juro que estoy sonriendo, acabo de recordar la primera vez que tuve contacto con esta información, en lo personal a mí se me hacía increíble este concepto.

Recuerdo con mucha satisfacción cómo es que comencé a dar y dar, ya sean objetos, dinero y cosas en general, de todo un poco, claro que **no sucedieron cosas mágicas o instantáneas**.

¿Sabes por qué sonrío ahora?

Porque hoy si estoy viviendo **esa satisfacción**, por lo tanto, llegué a una conclusión que quisiera compartirte y que la guardes nuevamente en **tu mente y en tu corazón** mira esto:

"Entre más das, más recibes"

Siempre que sea posible, se generoso al dar a los demás, notarás que lo que recibes a cambio, **será más de lo que das.**

No te preocupes, yo era mucho más escéptico que tú.

En mi tan compleja **mente pobre**, no cabía el pensamiento ni la idea de que, si yo daba algo de corazón, sea lo que sea, se me iba a regresar y encima en una cantidad mayor.

¿Dónde está el truco?

Con base a mi propia experiencia podría decirte que todo está en **la intención**, es gracioso, recuerdo mi mente pobre al intentar comprender este principio, a lo que inmediatamente pensó:

*"Pues **si regalo como 100 USD** seguro me regresan 200 USD, no hay falla"*

Suena incluso ilógico ¿No crees?, pero créeme que esos pensamientos están seguramente muy arraigados en tu subconsciente, te dije que no iba a ser un trabajo fácil.

Como humanos, tenemos la tendencia de responder a lo que recibimos, pero no des nada por esperar algo a cambio, de verdad no lo hagas.

¡Así no funciona!

Da libremente de tu corazón, y te aseguro, que las recompensas serán aún mayores.

Este tercer paso, aunque es breve, nos ha dejado una gran enseñanza, el poder de ser generoso de corazón, no tiene límites.

*"La generosidad no es un acto.
Es una forma de vida".*

-Chip Ingram

Te invito a ser generoso con alguien a quien conoces, y luego, con algún desconocido en el anonimato.

Puedo asegurarte de que no vas a perder nada, y sí, ganarás mucho, está dicho.

¡HÁZLO YA!

Cuarto paso
SE UN GANADOR O UN PERDEDOR, PERO DECÍDETE.

Se dice que **los ganadores** no tienen miedo de perder, porque el fracaso es parte del proceso de éxito.

Las personas que tienen miedo de perder tienen terror al fracaso, **se alejan inconscientemente del éxito** y de la abundancia.

¡Piensa en grande!

Pon tu pensamiento en acción, cambia tus hábitos de pensar en ganar pequeñas cantidades y transfórmalo en el de **ganar cantidades mucho más grandes.**

Piensa en cómo eres capaz de cerrar tratos exitosos, de cómo puedes generar empleo, y, sobre todo, que te des cuenta la gran capacidad que tienes de poder **ayudar los demás.**

Trabaja en crear en tu mente, una consciencia del dinero, esto con la finalidad de que seas capaz de hacer que llegue, se quede y se genere aún **más dinero** a tu vida.

Nadie más determinará tu futuro, el único capaz de eso, eres tú mismo.

Como dice este cuarto paso, tienes dos opciones, o te levantas o te hundes desde donde estás ahora.

Esto puede determinarse en función de cómo trabajes y proyectes tus pensamientos.

Para ser débil o fuerte, rico o pobre... tú decides tu propio destino.

El efecto de tus pensamientos eventualmente afectará tu vida,

Sé un ganador o un perdedor, pero decídete.

Todos tenemos **potenciales** muy importantes para ciertas áreas o actividades, así que debemos aprender a aprovecharlos y hacer un buen uso de ellos.

Nos guste o no nos guste, **tenemos que decidir**. Todos tenemos rasgos comunes que son negativos, considera que existe en nosotros cierto grado de auto ayuda.

Todo depende de nosotros...

¿Qué lado de nosotros va a salir adelante?

Las grandes **oportunidades son únicas**, pasajeras, anormales, atípicas...

Tómalas, no pierdas tiempo, ni esperes el tiempo ideal.

Para finalizar...

ESTE CAPÍTULO.

Mi compromiso contigo es **darte lo mejor** a través de esta breve lectura.

Seguramente te sientes intrigado, escéptico, contento o reflexivo, cualquiera que esta sea, quiero darte las **gracias por dejarme entrar a tu mente** en este capítulo.

Mi objetivo y mi propósito es ayudarte a darte cuenta de que se puede vivir **mucho mejor** de lo que tienes ahora.

Mira todas las emociones que pueden provocarte una lectura rápida como esta, **NO TE PREOCUPES**, todo esto es normal.

Cuando inicie este camino de descubrir mi propósito de vida en muchas ocasiones, sino es que, en su mayoría, me sentía frustrado, enojado, triste, deprimido… de todo.

Todas esas emociones que genera la mente estoy seguro de que tu también las has vivido, entiende algo muy importante,

Son necesarios este tipo de caminos, en su mayor parte del tiempo son duros, empedrados, rocosos, irregulares, raros, extraños y llenos de incertidumbre.

He entendido algo sumamente importante, un camino fácil, cada que decidía elegirlo, siempre me llevó al fracaso, al conformismo, a una situación de estancamiento no sólo físico, sino también espiritual.

Duro darse cuenta, ¿Cierto?

Si de algo estaba completamente seguro en ese entonces, era que esto es lo que yo **ya no quería en mi vida**...y te pregunto ¿Tú aún lo quieres?

Atrévete a cambiar. ¡Así de sencillo!

*"Lo verdaderamente importante en la vida no es dónde te encuentras, sino **en qué dirección te estás moviendo"**.*

- E.J. González

¡HÁZLO YA!

Concepto 2

Un Despertar Espiritual

En este capítulo quisiera contarte una serie de experiencias personales; primero, en respuesta a la pregunta al final del primer capítulo, ¿*Tú aún lo quieres?*, la verdad es que **NO**.

> *"Cada uno de nosotros es un **ser espiritual** radiante, hermoso y perfecto, ya que fuimos creados, exactamente como somos".*
>
> - Deepak Chopra

En lo personal ya **no quería vivir así**, es muy cansado disimular ante la sociedad la cual, para mí, comienza por la familia.

Lee con atención, revive y siente de nuevo estas frases:

"Todo está bien"

"No pasa nada"
"No me afecta nada"
"Yo soy fuerte, por eso no lloro"

Y así, un sinnúmero de situaciones, frases y estímulos, me hicieron darme cuenta de una sola cosa...

...no era feliz.

Ahora, te invito a que por un par de minutos **cierra los ojos** y concéntrate en las frases que acabo de mencionarte, siéntelas nuevamente, revívelas en ese momento amargo, triste y fingido.

Sólo será un par de minutos.

¿Qué amarga sensación no te pareció?

Nosotros como humanos somos unos seres increíbles, de verdad te lo digo, eres una persona magnífica.

Tienes una mente privilegiada, **lista para poder servir...**

Así es, lo leíste muy bien, **servir.**
El servicio **desinteresado** hacia los demás, es una de las acciones más gratificantes que he podido realizar

desde que decidí transformar mi manera de sentir, pensar y actuar.

Ayudar a otra persona que lo requiere o tiene la necesidad, es una experiencia muy **gratificante y maravillosa**.

¡Cuidado!, No todo fue miel sobre hojuelas.

Quisiera compartir una vivencia muy, pero muy personal, espero que te identifiques en alguna situación o vivencia, **más adelante te darás cuenta por qué**, así que por favor te pido que leas con mucha atención.

Todo comenzó... cuando tenía aproximadamente tan sólo veinte años...

Mi vida en general **me parecía algo difícil**, claro, como cualquier joven de esa edad.

Tenía tantos problemas y agobios mentales, que te afectan de forma **silenciosa**, al grado de pensar, tristemente, que ya no eres relevante para este mundo... ganas de ya no estar en él.

Lo más probable es que, en este momento, estés pensando en ti mismo, llevándote a esa edad. Tienes muy presente lo has que has vivido.

Las experiencias que, en ese momento, te marcaron o dejaron huella, son en las que seguramente piensas que hoy tienen un efecto **directo en tu personalidad** o en tu forma de realizar algunas acciones.

Quizá en estos momentos también pudieras pensar lo siguiente:

"¿Pero qué problemas pudo haber tenido este hombre?, problemas de vida los míos, yo si la pasé dura, yo sí viví hambre, yo sufrí golpes, abandonos, etc...".

Yo puedo decirte sin pena absoluta, que era un niño de buena familia, no un niño abandonado, era un niño caprichoso de difícil carácter, soberbio, orgulloso, de carácter explosivo, solitario y amargado...

Y así, puedo seguir describiendo lo que yo soy, así es, esta es la persona que **soy yo**.

En la actualidad, tengo la gran ventaja de conocerme, pero créeme que no ha sido fácil.

Sólo ponte a pensar que alguien tan orgulloso y al mismo tiempo testarudo,

¿Cómo va a admitir que no es feliz?

Esto nos lleva a nuestro famoso **primer paso**, admitir que tienes una **carencia emocional** que se refleja en los instintos, créeme no es nada fácil de trabajar.

Hagamos una pequeña pausa, quisiera preguntarte algo en este momento,

¿Te atreverías a admitirlo?

O como dice el famoso primer paso de mis buenos amigos en Alcohólicos Anónimos:

"Admitimos que somos impotentes ante el alcohol y que nuestras vidas se han vuelto ingobernables"

Seguramente de los primeros y únicos pensamientos que están cruzando en tu mente en este momento es:

"Pero si yo nunca he tenido ni tendré problemas con la bebida; **Este tipo está loco***; Yo ni si quiera tomo alcohol"*

Quizá si eres una persona como yo seguramente te atreves a decir lo siguiente:
"Yo nunca terminaré como esos borrachos, son tan **débiles e ignorantes** *que tienen que beber para tratar de resolver sus problemas,* **yo nunca** *seré como ellos".*

En estos momentos te puedes estar preguntando, **¿Qué tiene que ver todo esto?,** yo vine aquí a leer y aprender algo rápido que me ayude a no tener problemas, que sea rico, que tenga libertad financiera.

¡Que me ayuden a ser feliz!

¡Claro que mi intención es ayudarte!, por esta razón he escrito este libro, con el único objetivo de ayudarte y a que tu vida sea un poco mejor que ayer.

Se paciente, respira y date la oportunidad de entender el por qué de las cosas.

¿Qué relación pueden tener mis problemas personales con los tuyos?

Te lo diré, es algo muy simple, **¡el dolor!**

Lo leíste muy bien, el dolor es el **común denominador** de todas estas situaciones, por lo que no existen problemas muy grandes o pequeños, de mayor o menor importancia, simplemente **son problemas** y hay dolor en todas esas experiencias.

Gracias al concepto del "primer paso", quisiera proponerte un pequeño ejercicio personal. Quiero que te tomes unos minutos para meditar y escribir lo siguiente:

1.- **Redacta** el primer paso que te he descrito anteriormente.

2.- **Cambia** el nombre de *"Alcohol"* a este primer paso y luego coloca el nombre del problema que hoy te esté afectando, ya sea el trabajo, la casa, tus padres, la pareja, el dinero, la vida.

3.- **¡Sorpréndete!**, ahora, pregúntate a ti mismo,

¿Aún crees que no hay problemas en tu vida?

La necesidad personal que tenía a edad de un **despertar espiritual** era muy fuerte, era eso, **una necesidad.**

A mi parecer, uno de mis sentimientos era que ya no quería ser así, ya no quería actuar así, lo único que yo quería era una **mejor vida.**
Para lograr esto, tenía que dar un paso importante, **admitirme infeliz**, así de simple y sin rodeos.

Hoy en día, puedo compartirte con mucho gusto y satisfacción, que a la edad de veinte años y **haciendo mi orgullo a un lado**, tuve esta gran experiencia y despertar espiritual.

Esta experiencia ha sido **tan grande** y fuerte, que ha significado para mi un antes y un después en vida, eso es definitivo.

¿Fue fácil? La verdad no.

¿Hoy vivo diferente? Sin miedo te digo que hoy vivo ¡Totalmente diferente!

No importa la edad que tengas ni la situación personal en la que vivas, **decídete** a tomar las riendas de tu vida y **atrévete** a hacer un cambio en ella.

Tómate unos minutos para asimilar esta información y **agradece,** porque **no es casualidad** que estés obteniendo este conocimiento en este momento justo de tu vida.

Déjame contarte cómo fue mi **despertar espiritual...**

Era un estudiante en la universidad, estaba preparándome en la Facultad de Medicina, quería ser médico, mis padres estaban divorciados, un **círculo social** relativamente estable, amigos, amigas, conocidos, de todo.

En ese tiempo, personas muy especiales y significativas para mí ya habían fallecido, se sentían esas ausencias... Ni hablar, así son los ciclos de la vida.

Si te das cuenta, me consideraba una **persona normal**, una persona promedio, con problemas como todos.

En ese entonces yo consideraba que superficialmente era feliz con todo lo que tenía y con lo que vivía.

Tuve la oportunidad de hacer un viaje al extranjero, aquí es donde empieza ese despertar, ya que fue mi primer viaje solo, fue una experiencia increíble y de **mucho aprendizaje**, fue una de las situaciones que más me han hecho madurar como persona.

Cuando regreso a México, mi país de origen, tuve una pequeña discusión con un amigo muy querido y en consecuencia dejamos de hablarnos.

Dentro de la acalorada discusión, él me sugirió que buscara **ayuda profesional** porque no me había percibido nada bien emocionalmente.

El inicio de mi **despertar espiritual**, no para ahí, la historia sigue y durante el regreso de este viaje, me comencé a sentir mal, mi salud no era de lo mejor.

Esta situación la relacioné con el probable cambio de horario y de alimentación, y para ser breve, después de una visita con el médico, me llevo la sorpresa de que tengo una enfermedad común de la infancia, varicela.

Imagínate regresar de tu primer viaje al extranjero y llevarte la sorpresa de que tienes que estar resguardado en casa, pensar en las consecuencias que eso genera, un riesgo importante de perder el semestre en la universidad, con probabilidades de complicaciones graves de la enfermedad, un panorama deprimente ¿cierto?

Espera, aunque parezca gracioso las cosas no terminan ahí, en aquel entonces tenía a mi primera novia, es de esas situaciones sentimentales en las que peleas contra viento y marea, luchas, te entregas, **te enamoras** y justo mientras estaba en recuperación y aislamiento, esta persona decide terminarme por el entonces usado "Messenger" o sistema de mensajería instantánea, es decir, por un medio electrónico... **no hubo ni una llamada**, ni una visita, nada de eso, **todo a distancia**.

¿Crees que ha sido suficiente?

Imagina esto, todo se te derrumba en unos días, amistades, tu relación sentimental, tus estudios, la mala relación con la familia...

¿Te suena familiar?
*parece una pequeña novela ¿O es **algo común**?*
¿Recuerdas cuándo hablamos del dolor?

Bueno, quizá no te sientas identificado exactamente con mi historia, todo un tema, la revolución de sentimientos que en ese momento sentí no fue nada fácil de enfrentar.

Ese momento fue muy doloroso y estoy seguro de que, aunque no compartimos la misma situación, esa sensación de derrota la has sentido en alguna ocasión.

Ese dolor, todo un sentimiento, una sensación tan común que percibimos por una infinidad de situaciones.

¿Te das cuenta del común denominador que te dije?

Si algo me queda claro después de compartirte un poco de mi experiencia personal, es que no necesitamos ser alcohólicos para admitir que tenemos un problema o que no debemos haber sufrido los peores problemas de la historia para saber que esas situaciones **generaron dolor.**

Este es el contexto del famoso "primer paso", el cual te lo resumo a experiencia propia en lo siguiente:

Admito que tengo un problema y no soy feliz.

La mayoría de las personas, desde niños, somos entrenadas para ser **perfectas**, con seguridad te digo que en tu mente en repetidas ocasiones te has dicho a ti mismo

"No hagas nada… hasta que no esté perfecto"

Incluso con una sonrisa en el rostro, recordarás cuántas veces te has regañado, cuántas veces te has menospreciado, cuántas veces **te has exigido** tanto que a la primera que no salen las cosas como tú lo has pensado, **solo te rindes**.

Estos son algunos ejemplos de cómo **nos dicta la sociedad** que debemos ser, pero, déjame decirte que para ser una persona de éxito… esa estrategia **nunca te va a funcionar.**

Voy a compartir contigo un concepto muy sencillo que aprendí al estudiar de cerca a **gente muy exitosa**, esto que compartiré contigo, probablemente sea lo que en lo personal yo defino como *"El secreto del éxito más grande hasta ahora":*

*"NO TIENE QUE ESTAR PERFECTO; SIMPLEMENTE ¡**HÁZLO YA!**"*

Algunos de los más grandes personajes de la historia, líderes y revolucionarios de nuestra época como Steve Jobs, fueron personas que lograron causar un **fuerte impacto en sus vidas personales,** y a consecuencia de esto, nuestra manera de ver el mundo e incluso de comunicarnos, cambió para siempre.

Todos ellos tuvieron esa característica en común…

Ese Despertar Espiritual...

Te invito a reflexionar unos minutos aquella experiencia que trascendió en ti, que tocó las fibras de tu ser, esa experiencia que te transformó en lo que **eres ahora.**

Piensa detenidamente, quizá pudo haber sido **una pérdida** financiera, la pérdida de algún familiar, incluso una situación en el escenario menos común, por ejemplo...

¿Sabías que la madre de Issac Newton quería encarecidamente que fuera un granjero? Curioso ¿Verdad?

Esto quizá te hace pensar en lo que hubiera pasado si Issac le hubiera hecho caso a su mamá.

Lo mismo pasa con nosotros, quién en la actualidad, no conoce la famosa revelación de este célebre fisicomatemático y su relación con las manzanas.

*"Lo que sabemos es una gota de agua; lo que **ignoramos** es el **océano**".*

-Issac Newton

Hazlo ya, sólo eso, este concepto lo he aprendido a lo largo del tiempo, también mis mentores han estado involucrados en este proceso; asimilarlo y aplicarlo en lo personal fue difícil, hoy ya es **parte de mis hábitos**.

Cargar con el peso de la **AUTOEXIGENCIA** la mayoría de las veces te tumba y te hace vivir de una forma muy miserable, se confunde la ambición con el llenado de un vacío infinito.

¿Te auto-exiges?
¡Libérate de eso!

¡HAZLO YA!

Date cuenta de que esa forma de vivir es un camino lleno de insatisfacción, rencor, desesperación, depresión y sobretodo de **infelicidad.**

Los conceptos y las estrategias que te revelaré en este capítulo darán un **giro de 360°** en tu vida, tal como me ocurrió a mí que decidí despertar de ese sueño tan profundo.

Este plan, es un **plan muy simple** que te llevará de donde estás ahora a donde realmente quieres y deseas estar.

¡Hazlo ya!

*"Aquellos que saben la verdad,
aprenden a **amarla**;
aquellos que saben la verdad,
aprenden a **vivirla**"*

-Bob Proctor

Vivimos en una sociedad económica que cuenta con la **mayor abundancia** que se haya visto.

¿Te has dado cuenta de que casi no hay que preocuparse por las necesidades principales?

Sin embargo, muchos seres humanos viven en un **estado de escasez**, pareciera que estamos programados para este modo en esta sociedad.

Actualmente, la gente piensa que esa es la manera en que debe ser, lo que debes hacer o incluso, que debes esperar que así sea, es lamentable.

Darse cuenta de que **no debe ser así**, es una de las sorpresas más grandes para la gente que sale de ese patrón de pensamiento llamado escasez.

¡Debes creerlo! Abre los ojos, hazlo ya.

Es como si un **mundo totalmente nuevo** se abre para esas personas, así me sentí yo, pero debo decirte algo, lo peligroso con respecto a estos pensamientos es que nos roban la energía, son desgastantes.

¡Cuidado! Esto no es malo de ninguna manera, esto es normal, no estamos acostumbrados a esa forma de **pensar, de vivir y de actuar.**

"Los mejores años de tu vida son aquellos en los que decides que
tus problemas son tuyos.

- Albert Ellis

El factor principal para acceder a este mundo de prosperidad y abundancia es **ser consciente** de uno mismo y de lo que puedes generar, ¡Esa es la clave!

Por esta razón, **sino eres consciente** de la forma en que esos pensamientos te roban el privilegio de elección, la libertad, el poder y la energía, **no puedes hacer absolutamente nada al respecto.**

Muchos de nosotros no hemos creado ni establecido una **relación sana con el dinero** que nos sirva, en cambio, hemos creado una relación con el dinero con la base de muchos conceptos e ideas de otras culturas y personas.

Admítelo, incluso de nuestra familia, tomando esta implantación subconsciente como una **verdad absoluta.**

Tenemos una forma diferente de actuar con el dinero, por ejemplo, los préstamos y la deuda de objetos irrelevantes, nos orillan a pensar que eso es abundancia, pero la realidad es que nos mantienen más en la **escasez.**

La **clave de la abundancia**, por lo tanto, esta en ver lo que nunca habías visto anteriormente, comienza a tener la voluntad de ver lo que no sabías que necesitas. Los **patrones de la escasez** son muchas veces invisibles a uno mismo, esto durará hasta que estés dispuesto a mirarte a un espejo, cuestionarte, enfrentarte y sobre todo conocerte.

En mi experiencia personal, tener un **despertar espiritual** no fue nada sencillo, el hecho de tomar la determinación de conocerme a mi mismo, de tener un espejo frente a mi, **detectar** cuáles han sido mis errores, sus orígenes, **admitir** que no era feliz **y corregir** con un cambio profundo de juicios y actitudes, fueron para mí ese *"antes y después"* en mi vida.

Darme la oportunidad de una buena mirada a consciencia y observar un nuevo camino en donde descubro que hay otra forma de llevar una **vida útil y feliz.**

Dejemos de culpar a todo mundo por la situación en la vivimos y **seamos responsables** de nuestra vida por primera vez.

Al principio, yo era de las personas que no creía que hubiera alguna forma distinta de cambiar mi forma de vivir, pensar y actuar.

Siempre fui de aquellos que no querían encontrarse con uno mismo, de mirarme en un espejo, de saber...

... ¿Cuál es mi propósito de vida?

Desgraciadamente, ese es otro **patrón de escasez**, te invito a que, de verdad intentes un día escuchar y ser consciente de todos estos pensamientos y mensajes contaminando más su mente subconsciente.
Esta actitud, nos pone en alerta, en lo personal, de creer que puede haber otra forma de contactar con uno mismo, pero la abundancia, **es una forma de ser**.

El concepto como tal de **la abundancia** ya lo hemos platicado, considera que la ausencia de esta, como la calidad de vida que posees.

En este nuevo modo de **vivir, pensar y actuar**, es donde existe un sentimiento y una experiencia de estar completo, pleno y lleno de felicidad.

Una vida llena de las cosas que más valoras como salud, dinero, libertad, satisfacción, balance y sobretodo amor, mucho amor. Todas estas son cualidades de la abundancia y todas afectan los componentes de esta misma.

Esto significa querer un estilo y forma de vida en donde te mantienes **satisfecho** con las cosas que tu generas y valoras, puedes tomar a consideración el siguiente pensamiento:

*"El pozo del que **Dios** nos provee es hondo... son las cubetas que utilizamos, las que **son pequeñas**".*

Podemos llegar a pensar que ser abundantes es poner más en estas cubetas, llenarlas al máximo, lo que no vemos es, que en el intento de hacer esto de cargar más en nuestras vidas, usualmente **creamos mayor escasez**.

¿Cómo es esto?

En la vida **tratamos** siempre de hacer más, **tratamos** siempre de que se haga perfecto, ¡Es eso!, **tratamos**. Así es, ponemos mucho más en nuestras, las llenamos tanto, que terminamos teniendo mucho menos.

Quizá te preguntes, ***¿Menos qué?...***

Pues te digo que, **menos** tiempo, **menos** libertades, **menos** salud, **menos** dinero, **menos** amor...

Esto se debe a que **no entendemos** que el proceso para acceder a la abundancia no consiste en poner más en la pequeña cubeta, sino en **expandir el tamaño** de esta.

Esto es muy distinto ¿Cierto?
Has descubierto la respuesta de una piedra angular de nuestro nuevo camino,

debemos expandir nuestra capacidad,

Suena muy lógico:
*"Si mi cubeta es **más grande**, más me cabrá, si **mi espíritu** es más grande, más cualidades podré tener y en mayor cantidad".*

¿Te imaginas tener tanto amor, que alcance para ti, para tu familia y para los demás?

Generalmente todos decimos tener amor, pero no nos cabe ni siquiera **amor propio**, pero es la realidad, la mayoría de las ocasiones somos miserables con nosotros mismos.

En el mundo hay muchas personas que podrán tener mucho dinero, pero no poseen un **sentimiento de abundancia.**

Aquellas personas, te pueden decir que **viven para trabajar** y que quizá no hayan tenido un despertar espiritual; no profundizaremos en las probables razones, pero son de este tipo de personas que se enfocan en el siguiente concepto:

"Debo hacer algo más porque nunca es suficiente"

Seguramente ya sabes a qué nos lleva este pensamiento, así es, a **más escasez.**

Aprendamos un nuevo concepto: Primero lo primero.

Enfoca un punto de partida, primero, debes empezar a sentir abundancia desde tus pensamientos, tus creencias, tu energía, pero sobretodo, en **tus acciones.**

En consecuencia, el universo creará situaciones y posibilidades para ti y tu alrededor, además **tendrás motivación, disciplina, deseo** y todas las cosas que necesitas, el tomar acción en este nuevo estilo de vida será de una forma muy natural.

Uno de los principios más antiguos que se relacionan con **la abundancia** y que las personas como tú y como yo debemos desarrollar como un nuevo hábito es **enfocarse.**

¡HAZLO YA, ENFÓCATE!

Lo que sea en lo que estés mayormente enfocado es lo que aparecerá en tu vida, entonces, si te enfocas en la escasez, en la enfermedad, en la pobreza, **eso tendrás**, ¡Revísate!

Punto pequeño de reflexión:

¿Cómo vives el día de hoy?

¡Vamos a definirlo!

Primero, ¿Eres un ser de **escasez o de abundancia**?, ahora puedes cuestionarte, ¿Qué crees que atraes en tu vida con los pensamientos que hoy en día tienes presentes? Si **enfocas en tus pensamientos la abundancia**, te aseguro que aparecerán esas cualidades que tanto deseas, y, en consecuencia, más abundancia, tendrás un espíritu desbordante de cualidades positivas, este es el secreto, **sencillo**, ¿No lo crees?

En este punto nos hemos dado cuenta de un punto muy sencillo de realizar, pero, el hecho de ser sencillo no lo hace para nada fácil.

Primero que nada, debes ejercitarlo y crearte el hábito de pensar de esta manera, **¡No tengas miedo!**, ahora que ya sabes esto para poder adquirir la abundancia que tanto añoras, permíteme darte una advertencia muy importante...

*..." Si lo que tú buscas con esto es tener **dinero fácil** y en montañas sin haber trabajado antes para ello... será **imposible**".*

Detente un momento y reflexiona:

*¿Qué pasa si se me terminan mis recursos?,
¿Y si no puedo después obtener lo que yo quiero?*

Si normalmente estamos pensando en ¿Cuándo perderé todo el dinero que tengo o cuánto me durará?, entonces está **garantizado** que así será.

Nuestras preocupaciones ocuparán nuestros pensamientos, tomará nuestra energía, apagará nuestro espíritu y como resultado **no habrá abundancia** en nuestras vidas.

Sin duda alguna **te estarás lamentando** por la falta o perdida de este.

Para poder hacer a un lado estos lamentos y des un paso muy importante para lograr tus objetivos, te daré un consejo que cambiará tu mentalidad para siempre:

Para finalizar...
ESTE CONCEPTO
Mentalidad Abundante

Te sugiero que comiences a aplicar este juego mental contigo mismo.

Acostúmbrate a visualizarte a ti mismo y a tu familia en posesión de una **gran riqueza y abundancia**, piensa en lo que harías con el dinero que está fluyendo hacia ti y comienza.

Recuerda que tu **mente subconsciente** no distingue entre hacer algo y visualizar lo que tu quieras, así que este ejercicio te ayudará a desarrollar rápidamente una **consciencia de prosperidad.**

Vas a aprender que hay mucho más en tu persona de lo que pueden ver tus limitados ojos, debes tomar esta característica de tu personalidad oculta, si de verdad quieres **desarrollarte y superarte**.

Una verdad irrefutable, es que tu nunca verás la mejor y más grande parte de tu ser, la razón, es porque la naturaleza de esta no es física, **es espiritual**.

Pronto te darás cuenta, de que vives de forma simultánea en tres planos existenciales distintos. Eres un **ser espiritual** muy abundante, con una enorme inteligencia que vive en un cuerpo físico.

Entiende que el mundo **no necesita personas** que estén en malas condiciones de salud o que tengan una mala educación financiera.

En general, se necesita que tengan un buen desarrollo espiritual, *__este mundo necesita personas felices__*, plenas, desarrolladas, inteligentes, prósperas, con una mente abundante y que contribuyan a beneficiar a muchas personas a su alrededor.

Enfócate a ir a donde quieres llegar, disfruta del viaje, celebra el hecho de que **estás avanzando** en un camino complicado, duro, difícil, un camino que nunca habías recorrido antes, ahora, disfruta cada pequeña experiencia y no te limites en hacerlo.

No te preocupes cuando las personas te digan que estás perdiendo el tiempo o que lo que haces no sirve para nada, si te dicen que eres un soñador sin sentido y que, al mismo tiempo, vas a fallar y serás un fracasado... lee entre líneas.

Lo que este tipo de personas te están queriendo decir es

*"Así es como veo el mundo...
y es así como tú debes verlo
también".*

Tienes mucho que **agradecer**, agradece que no seas una de esas personas que ve todo sombrío a su alrededor.

Agradece y **sigue avanzando** por el camino del éxito y la prosperidad, seguramente, este te generará grandes beneficios tarde o temprano.

Para finalizar este capítulo quisiera decirte que mi compromiso, mi motivación y **mi propósito es ayudarte** a mejorar como persona en todos los aspectos. Quiero que seas una persona abundante, amorosa y feliz.

Por esta razón, te propongo que hagamos un compromiso, aunque no hayas terminado aún de leer este libro, estoy seguro de que de lo que hemos platicado hasta ahora, han venido a tu cabeza un sin número de personas que quisieras que descubrieran lo que tu estás haciendo en estos momentos.

Comparte esta información.

¡Compártela sin miedo!

Esta información no es para todos, así que no esperes una reacción de **total gratitud** por ello.

Tengamos la misma **intención de ayudar** y hagamos llegar esta información a todo aquel que lo necesite y crea.

Nunca entierres esa creatividad por hacer las cosas, lucha por tus objetivos, cree en ti, haz de tu mundo algo mejor, crea una vida llena de prosperidad y abundancia, ese que sea nuestro compromiso, **comparte.**

¡Así de sencillo!...

*"A un hombre le pueden quitar todo, excepto una cosa: la última de las libertades del ser humano, elegir **la propia actitud** en cualquier conjunto de circunstancias, para elegir su propio camino".*

- Viktor E. Frankl

¡HAZLO YA!

Concepto 3

Las Crisis... ¿Oportunidad o Problema?

Sería una locura pretender que las cosas cambien, si seguimos haciendo lo mismo, el fenómeno de la crisis trae **increíbles progresos**, no te imaginas la maravilla de estas brechas de oportunidad.

*"En los momentos de crisis, **sólo la imaginación** es más importante que el conocimiento".*

- John M. Keynes

Es en estos periodos, donde nace la inventiva, los mayores descubrimientos, las grandes estrategias y la creatividad para crear riqueza nacen de la angustia y del miedo. Haz consciencia, **el día nace de la noche oscura**.

Las personas que llegan a **superar la crisis** son personas que se superan así mismos sin quedar superados, quien atribuye a estos tiempos sus fracasos o penurias está violentando su talento, duda de su capacidad, pone a prueba su mente.

Esto significa que respeta más a los problemas que a las soluciones, sin crisis no hay desafíos, sin desafíos, la vida puedes considerarla como una rutina, una muy lenta agonía o incluso podrías considerarla como la **muerte en vida**.

*"Sería **una locura** querer que las cosas cambien, si seguimos **haciendo lo mismo**"*

Hablar de crisis, es promoverla, callar en la crisis sería exaltar el conformismo, en lugar de esto, trabajemos de una forma mucho más inteligente, acabemos de una vez por todas con la única crisis amenazadora, la tragedia.

No querer **luchar en contra de la tragedia** y no realizar ninguna acción por superarla, es el panorama más grave que se nos pueda presentar, dejarnos vencer por ella,

¡Vamos a comenzar!

Todo el mundo tiene alguna persona a la que admira, esos grandes triunfadores y sus vidas, reflexiona un momento,

¿Qué tenían estos seres cuando empezaron, que tú no tengas ahora?

La mayoría de ellos tenían pocos medios económicos y enormes miedos, una inteligencia normal, gran capacidad de esfuerzo, resistencia al fracaso y una enorme motivación, características que, si estás leyendo este libro, tu también las posees, no tengas duda de ello

¡CREÉLO!

Comienza con empezar a creer en ti mismo.

Debes entender algo muy importante, las oportunidades nunca van a encontrarte, sino que tú debes encontrarlas a ellas.

Seguramente te preguntarás de forma inmediata…

¿Dónde encontrarlas?

Yo te lo digo… ¡en las carencias, en la necesidad, en las crisis! Diría uno de mis mentores:

"Sino te pones **contra las cuerdas**. ¿Cuándo despertará ese **genio dormido** dentro de ti?".

¿Qué tipo de personas podemos determinar que existen?

Con base a toda esta información podemos describir **tres tipos de personas:**

- ***Las pesimistas:*** Son aquellas personas que creen que hay un destino escrito para cada ser humano, que todo lo bueno o lo malo sucede por pura fatalidad y nada puede cambiar por si mismo; **son las personas resignadas**, las que se dejan llevar por el destino, las que siempre están a la espera de que ocurra algo que mejore su suerte o su situación personal, lo cual, ten por seguro que **nunca ocurrirá**, porque nunca se van a ocupar de que esto suceda.

- ***Las que viven con miedo:*** Son las personas que saben que podrían actuar de alguna forma para mejorar su vida pero que se frenan y no lo hacen por miedo a fracasar, por miedo a la burla de los demás, te suena familiar el **¿Qué van a decir?**, pues si eres de las personas que en algún momento ha decidido no actuar o limitar alguna actividad por darle prioridad a esta respuesta, déjame decirte que eres de este tipo de personas, frustradas, que incuban una profunda amargura en su alma a conforme pasa el tiempo y descubren con cierto recelo que están estancadas en el punto de partida.

- ***Las que gozan de libertad:*** Estas personas son las que deciden elegir la libertad de determinar los objetivos de su vida y de asumir riesgos, trabajan con tenacidad, inteligencia y mucha paciencia, se sobreponen a los numerosos fracasos, a las burlas, a la crítica, a la envidia que les rodea, realmente no les interesa dar respuesta al ¿Qué dirán?, solo lo asumen, son aquellos seres que simplemente hacen que las cosas sucedan.

¿Cuál eres tu?

Creo que te das cuenta de que, hoy en día, eres alguno de estos tipos de persona.

Si algo tenemos como seres que gozan de un libre albedrío es que eres **libre elegir cuál**, ten en cuenta lo que platicamos anteriormente, tenemos que dar ese primer paso sin miedo y llegar a la aceptación.

Ten presente que **no existe ningún destino** trazado para nadie, hemos sido creados libres para elegir y tomar nuestras propias decisiones, nuestro propio camino, hay que ser consciente de tal poder que tenemos y tener el valor para poder ejercer este mismo.

Es muy importante que **escojas los objetivos** que has decidido trazar en tu vida, pero tal elección, carecerá de valor sino va guiada por un esfuerzo tenaz, inteligente y paciente para poderlo llevar a cabo.

La clave para elegir y construir una vida mejor está en tres principios:

Conocer, Adquirir y Practicar buenos hábitos

Estos principios (CAP) ya los han puesto en práctica las personas que han salido exitosamente de las crisis, es por esto, que he decidido ayudarte enumerando estas **cualidades** una a una para que las mentalices y pongas en práctica cada día de tu increíble y maravillosa vida a partir de hoy.

¿Qué **cualidades** debo practicar para tener una vida **más abundante**?

1.- Permítete soñar

Date la oportunidad de soñar con el tipo de vida que quieres, con la vida que tanto deseas. Determina cuánto dinero deberías ganar para poder llevar el estilo de vida que añoras.

¡Hagamos un ejercicio!

¡Cierra los ojos! Regálate unos **5 minutos**

Respira profundamente...

Haz en este momento el ejercicio mental de **proyectar**, imaginar, tu situación a cinco años en el futuro.

¡USA TUS SENTIDOS!

Te propongo que dejes de ocultarlos, **deja fluir** por primera vez estas sensaciones.

Visualiza en tu mente... ¡Espera! No solo visualices, escucha tu alrededor... ¿Lo oyes? Esas risas, escucha esa paz... ¿Hueles eso?, es el olor de la abundancia, es un perfume singular y muy peculiar... ¿Sabes a qué sabe el **éxito**?, ahí lo tienes, en la punta de la lengua, disfruta ese sabor de ganador... ahora siéntelo... siente como la paz, la abundancia, el amor y la salud fluyen en ti.

¡Sólo 5 minutos!

¡Ya lo tienes!, ahora **imagina** que llevas una vida perfecta, fíjate en los detalles, ya que mediante este tipo de visiones a largo plazo se logra un cambio de juicios y actitudes positivas.

¡Toma una pluma y una libreta!

Ahora, enumera todo lo que visualizaste, escuchaste, oliste, saboreaste y sentiste. No tienes que extenderte en muchas hojas, lo único que debes hacer es **ser detallista**.

¿Lo tienes? Ahora brevemente, pero con detalle, describe qué harías si **el éxito** lo tuvieras asegurado.

¡Qué **gratificante** es saber que te has regalado unos minutos para **ti mismo**!

Las cosas en las que normalmente se piensa y el modo en el que se piensan son dos de los factores que más influyen en lo que le sucede a uno.

Piensa constantemente en tus metas para poder mantenerte cercano a ellas, identifica lo que deseas en cada área o instinto de tu vida, especialmente en el instinto material y escribe una lista de tus metas, establece una fecha límite para cada una y enumera lo que debes hacer para alcanzarlas.

Luego organiza esta lista como si fuera un plan de acción y llévalo a cabo ahora; haz diariamente algo que te acerque a tu meta principal.

¡HÁZLO YA!

No permitas que tu plan de acción te lleve a los excesos, no seas extremista, por eso regálate esos 5 minutos al día para que puedas realizar este ejercicio.

Al cabo de 30 días continuos… verás los resultados a los que te llevan la disciplina y el amor propio porque querer desaprender y descambiar esos viejos hábitos.

Veamos qué tan dispuesto estás a soñar en grande.

2.- ¿Estás dispuesto a cambiar esos viejos moldes?

¿Sí? Ten la disposición seria y **humilde** de **ser el mejor** en lo que realices o hayas escogido ser.

Es preciso ser muy bueno, ya que **casi todas las personas exitosas son muy competentes.**

Determina si el desarrollo de **alguna habilidad** en particular tendría un **efecto positivo en tu vida.**

¡Hazlo ya! Haz un plan para mejorarla.

3.- Aprende y mejora de forma continua.

¡Nunca es tarde! Aprende y mejora constantemente en el campo que hayas elegido.

Considera que **la mente y tu cerebro** son un músculo que requiere de un buen entrenamiento diario para desarrollarse cada vez más con el uso.

Lo mismo pasa con los otros músculos, es preciso trabajarlos y estirarlos, mientras **más conocimiento** adquieras a lo largo de tu vida, más podrás aportar en tus relaciones interpersonales y en el desarrollo de tu emprendimiento o empresa.

*"La información es poder. **La desinformación** es abuso de poder".*

- Newton Lee

Para llevar a cabo todo esto, considera las siguientes **tres claves** para dedicar <u>**toda la vida al aprendizaje**</u>:

La primera es

Leer y **leer** y **leer** y seguir **leyendo,** así es, te invito a estar leyendo acerca del área en la que te desempeñas, el tema que más te apasione, la información que realmente quieres aprender entre **treinta y sesenta minutos** diarios.

La segunda se trata de

Escuchar en tu tiempo libre, en la oficina, en un momento de relajación, con tu pareja, con tu familia, qué mejor que **¡con tus hijos!** Varias **lecciones grabadas** en audio y aprovecha el trayecto en tu auto para **aprender.**

y en **La tercera** te invito a

Asistir a tantos cursos, pláticas, diplomados o seminarios de tu área de conveniencia, **del tema que te encanta**, que te apasiona como te sea posible.

¡HÁZLO YA!

¿Complicado?
¡No me respondas!

Si algo he aprendido acerca del comportamiento humano, es que siempre buscamos comodidad, facilidad en las cosas a realizar, conveniencia, **egoísmo**, autosatisfacción y muchas otras situaciones.

Un ejemplo que desgraciadamente se vive no sólo en México, sino en Latinoamérica en general... si tienes 20 USD (un equivalente a $420 pesos mexicanos al momento de escribir este libro)

¿**En qué lo gastarías?**

¡No me respondas!

Así es, no necesitas quedar bien conmigo sobre en qué gastarías **TU DINERO**, es tuyo nada más.

¡Claro! Podría asegurarte algo, quizá no pensaste en invertirlo, en comprarte un libro o en simplemente donarlo a alguna beneficencia.

¿Verdad que no?

¡Paremos un momento!

Si eres de ese pequeño y selecto grupo de personas que, si lo pensaron, **¡Te felicito!** En mi caso particular **nunca lo pensé** y mucho menos pensé en darlo a alguna beneficencia, por supuesto que no, es más, en mi cabeza estaba la gran y orgullosa idea de...

¡¿Cómo voy a regalar mi dinero?!

¡Eso jamás!

Quizá te suena familiar este tipo de situaciones, pensamientos o acciones, no te preocupes,

¡Es normal!

¿Recuerdas que al principio de este libro comentamos acerca sobre los patrones de vida que tenemos?

Así es, todo lo que implementaron en nuestra mente, ideas, comportamientos, acciones, patrones, todo lo que te imagines, es nuestro reflejo actual,

¡Por eso vives así!

Más adelante en este libro, platicaremos más a detalle sobre estos patrones y cómo irlos modificando.

Quizá estás un poco intrigado, confundido, molesto o extrañado. **¡Adelante!** Permite a tu ser, experimentar estas emociones, somos humanos, no máquinas con complejos de perfección.

...Continuemos...

Estas **tres claves**, son un hábito que debes de generar, si haces esto, el éxito está prácticamente asegurado; considera que si logras imponerte la **disciplina** de llevar a cabo lo que debes hacer cuando lo debes hacer, algo **muy grande** está por suceder.

*"El éxito es simplemente la **aplicación diaria** de la disciplina"*

-Jim Rhon

Para finalizar...
ESTE CONCEPTO
IKIGAI

Si en lo personal he tomado a consideración como gran ejemplo y aplicación en mi vida, es la **disciplina japonesa**.

En esta región del mundo, la disciplina es inculcada a muy temprana edad en el hogar y sobretodo en las escuelas, esto se lleva a cabo con acciones cotidianas que no te dan muchas ganas de realizar.

¡Qué interesante!, en las escuelas japonesas debes ser capaz de manejar el **autodominio, el autocontrol y la autodirección**, esto es con la finalidad de favorecer el <u>éxito a largo plazo</u> sobre las gratificaciones a corto plazo.

Para llegar a este punto, es muy preciso ocuparse más por tener **resultados satisfactorios** que aplicar métodos satisfactorios.

¡Reflexionemos un momento!

Te pido reflexionar por un momento lo siguiente:

"Si eres **severo contigo mismo** la vida puede ser muy placentera, si eres placentero contigo mismo, la vida puede ser muy severa".

Considero que, a estas alturas, ya te has dado cuenta de algo importante, los extremos no son tan beneficiosos como uno cree, todo debemos llevarlo a un **justo medio**.

*"El mal no puede expulsar al mal; **solo la luz puede hacerlo**. El odio no puede expulsar al odio; **solo el amor puede hacerlo**".*

- Martin Luther King, Jr.

¡HAZLO YA!

Concepto 4

Mi círculo social... Sano o Tóxico

Este es un punto de la lista que quizá a no te agrade, al menos a mi **no me agradó**.

Meditar sobre mi círculo social, incluida mi familia, y darme cuenta de que, muchas de las personas de las que me rodeaba **no me aportaban absolutamente nada a mi vida**.

*"No le prestes atención a las **palabras tóxicas**.
Lo que la gente dice a menudo
es un reflejo de ellos, no de ti".*

- Christian Bologa

El decidir apartar esas personas **fue duro**, sin embargo, hoy puedo compartirte que los resultados dieron muchos beneficios.

No solo hubo gente que se extrañó por esta actitud, al contrario, muchos decidieron junto conmigo emprender estos nuevos cambios y hoy **sumamos en la vida** de cada uno.

Si algo me ha quedado claro en este tiempo es que para ser exitoso se requiere

¡Un humilde cambio de juicios y actitudes!

Las personas **no cambian**, tú eres el que decide cambiar.

Si eres partidario de esta postura, esta, te hará avanzar más rápido, tu grupo de referencia es importante porque, al igual que el camaleón, deberás enfrentarte a las actitudes, valores, comportamientos y creencias de la gente que te rodea.

Trata siempre de asociarte y relacionarte con **gente positiva** y aléjate rotundamente de las personas negativas, criticonas y quejumbrosas.

*"La **gente positiva** cambia el mundo, la gente negativa lo mantiene igual y muchas veces lo empeora".*

El miedo al fracaso, no el fracaso cómo tal, es el mayor y más peligroso obstáculo del éxito.

El fracaso hace más fuertes y decididas **a las personas,** mientras que el miedo al fracaso las paraliza.

Lleva a cabo aquello a lo que le tienes miedo, actúa de forma osada y descubre cuáles son tus fuerzas escondidas, aquella fortaleza que vendrá en tu ayuda.

Las personas que se han vuelto millonarias por su propio esfuerzo **piensan cuidadosamente y toman decisiones** rápidamente. Son personas como tú y como yo que no han dado oportunidad a que los miedos invadan y nublen su mente.

¿Estás listo para pasar esta prueba?

Independientemente de lo que ocurra, **¡NO TE RINDAS!,** ten la disposición de insistir cuantas veces sea necesario sin importar las dificultades, las desilusiones y el desánimo que se te presente.

Las crisis recurrentes son inevitables y surgen cada determinado tiempo, cuando en estas situaciones actúas de forma efectiva y positiva, se adquiere una gran fortaleza donde se logran **excelentes resultados.**

El éxito lo he resumido en 5 características que debe tener todo ser humano (PODER)

Preparación, Oportunidad, Determinación, Equilibrio y Resultados

Comienza tu camino sin pensar demasiado, sabiendo que al principio te va a costar mucho trabajo conseguir buenos resultados.

Para alcanzar el éxito en cualquier actividad, es preciso trabajar con **disciplina** y saber sobreponerse a los fracasos.

¡Todos los triunfos nacen cuando nos atrevemos a comenzar!

Las palabras más tristes y desalentadoras que podrías llegar a pronunciar en estos momentos de tu vida son

"...y si pudiera volver a vivir mi vida...si pudiera regresar el tiempo"

¿Cuáles serían tus pensamientos?
Ejemplo para considerar, si hoy en día tu médico te dice:

"Lamento decirte que te quedan 24 horas de vida"

Lo sé, lo sé, es un ejemplo que millones de veces se ha usado, pero conforme avanzas la lectura, es inevitable reflexionar que, quizá tengas algo de qué lamentarte, quizá no haber tenido más tiempo para estar con tu familia, decirle a esa persona especial cuánto la quieres, incluso tal vez estés arrepentido de no haber ganado el dinero suficiente que les asegurara su futuro...

...sólo imagina ese sabor amargo de no haber podido realizar todos tus sueños.

Tiempo...

Tu tiempo, es el mayor tesoro y activo que posees actualmente.

Seguramente has escuchado frases como

"El tiempo vale oro"

Creo que ahora eres un poco más consciente de ello.

No lo malgastes, **aprovéchalo,** aprovecha cada minuto de tu vida de la mejor manera posible porque no regresará jamás.

Debes comprender una sola cosa, **el hoy**, es todo lo que tienes y aunque ya lo hayas escuchado un sin número de ocasiones, nuevamente te invito a reflexionar,

**"El mañana no existe,
y el ayer ya desapareció"**

Así que no malgastes tu tiempo recordando y viviendo en el difunto pasado, ni tratando de anticipar el imprescindible futuro, construye algo positivo en cada minuto del presente, una vida útil y feliz, aprende a vivir un día a la vez...

... **"¡Vive y deja vivir!**

¡Sólo por hoy!"

Considera una vida en la que debes dar lo mejor de ti, cada minuto es una nueva oportunidad para agradecer, las crisis son los mejores momentos para ello.

Muchas veces estoy casi seguro de que te pones contra las cuerdas, tu situación te presiona tanto, que te ves obligado a sacar lo mejor de ti.

Comienza, Construye y Avanza...

Recuerda, no puedes elegir cuándo vas a morir o cómo vas a hacerlo.

Lo único que puedes decidir es **cómo vas a vivir.**

Tienes la enorme capacidad de **decidir** vivir la vida que siempre has soñado tener y que toda esta información haces que se convierta en el apalancamiento que lleve tu vida a otro nivel.

Para decidir cómo vas a vivir, existe un factor muy importante que debes considerar, la gente a tu alrededor.

"La gente te inspira o te desgasta, así que selecciónala sabiamente"

-Jim Rohn

La sociedad comienza por la familia, piensa en tus padres, tu pareja, tus hijos, tu gente más cercana como amigos, compañeros de trabajo, empleados, y así podemos seguir aquí, tratando de clasificar a toda la gente que te rodea.

Primero deberíamos revisar **nuestra relación con ellos**, un análisis profundo de dinámicas y comportamientos, buscar patrones, situaciones, vivencias y lapsos que compartimos con ellos.

¿Esto cómo te hace sentir?

En nuestra vida diaria, es imposible evitar el toparnos con personas problemáticas, **no siempre** las personas que tenemos a nuestro alrededor tienen efectos positivos sobre nosotros.

A veces, estos seres tienen conductas o sentimientos que nos llevan a alejarnos de nuestros sueños, esto se debe a su negatividad y a su manera tóxica de afrontar la vida.

GENTE TÓXICA

En este capítulo, tengo la intención de ayudarte a reconocer a este tipo de personas, me he dado a la tarea de clasificarlas en:

10 tipos de personas tóxicas que seguramente se cruzarán en tu vida, mi única recomendación es…

¡Evítalos a toda costa!
Son ladrones de energía, sueños, éxitos y riqueza.

Muchas veces, dejamos entrar a nuestro círculo más íntimo, a **personas equivocadas**, personas que permanente evalúan todo lo que dices, haces y el por qué de las cosas, si llegaste a hacer alguna referencia o el por qué de tu falta de acción, estas personas tóxicas son las que **potencian nuestras debilidades.**

Estas personas nos llenan de **cargas y de frustraciones**, ellas, por cierto, saben todo lo que pasa en el ojo ajeno, pero desconocen premeditadamente su propia actitud.

Te sorprendería darte cuenta, que a veces incluso son tus amigos más cercanos, hermanos, una pareja e incluso **tus padres**, todas estas personas pueden potenciar tus debilidades.

Esta información es muy independiente del vínculo y del amor que se sienten, sobre todo cuando te das cuenta de que, lo más tóxicos son miembros de tu familia. En este capítulo, te mostraremos como **reconocer** a estas personas y enfrentarlas con éxito.

Bueno, comencemos con esta clasificación que estoy seguro de que te sorprenderá.

1.- GENTE TÓXICA QUE TE HACE SENTIR CULPABLE

"El que le echa la culpa a los demás, aún tiene un largo camino por recorrer.

*El que no culpa a nadie, **ha llegado**".*

- Las reglas de Olapo

La culpa, es uno de los sentimientos más negativos que podríamos tener los humanos, al mismo tiempo una de las maneras mas utilizadas para manipular a los otros.

La culpa es la diferencia entre lo que hiciste y lo que deberías haber hecho. Se trata de un sentimiento tremendamente negativo, es lo más parecido a vivir una condena.

En este punto podríamos preguntarnos:

"¿Cómo superar el sentimiento de culpa ocasionado por una persona tóxica?"

Considero que las siguientes **3 claves** te ayudarán, mira...

- No castigarte con auto-reproches
- Evitar pensamientos rígidos y normas muy inflexibles.
- No asumir como tuyas las culpas ajenas.

Ahora podemos preguntarnos de una forma distinta con la finalidad de realizar un autoanálisis.

"¿Cómo superar el sentimiento de culpa que te causas tú mismo y la gente tóxica?"

Ahora mira estas **3 claves** que sin duda te ayudarán, lee con atención porque no son las mismas...

- Si te equivocas, pide una disculpa y repara tu equivocación.
- Convéncete a ti mismo de que tienes derecho a ser feliz.
- No desees cambiar a nadie.

2.- GENTE TÓXICA QUE ES ENVIDIOSA

"La envidia existe sólo en aquellas personas que no saben aceptar la felicidad de los demás".

-Anónimo

Envidiar es una emoción que no solo implica anhelar lo que la otra persona tiene, o querer estar pasando por la misma circunstancia que otro.

El acto de envidiar implica mucho más, se coloca en un plano de **continua insatisfacción** y queja permanente.

Este sentimiento nace de la sensación de la creencia de que nunca se va a tener lo que el otro posee.

Esta es una característica de gente **continuamente insatisfecha**.

Constantemente la gente tóxica envidiosa, pasa mucho tiempo criticando y juzgando lo que el otro dice o hace, en lugar de centrarse en sus **propios sueños**.

"¿Cómo superar a la gente tóxica envidiosa?"

Las **2 principales claves** por considerar son...

- **Ten la firmeza** de que nadie tiene el derecho a compararte. Sólo preocúpate por superar tus propios logros y límites.

- **No sucumbas** en el error de la euforia ocasionada por una persona tóxica. No compitas con nadie... Ocúpate más de ti.

Te invito a romper tus propios límites, a **valorar** más tus acciones, busca consejo de la gente sabia.

Tómate un momento para descansar, demostrando amor y ternura a los que te rodean y te quieren ver bien.

3.- GENTE TÓXICA QUE TE DESCALIFICA

"En el fondo de toda descalificación, siempre hay algo de envidia".

- Fidias G. Arias

Muchas personas pasan **gran parte del tiempo** descalificando y criticando a su alrededor, pareciera ser que disfrutan este tipo de prácticas de menospreciar y rebajar a los demás, esto se ha vuelto su pasatiempo.

Sea cual sea la tarea que están realizando, o el vínculo que tengan con los perjudicados, la gente tóxica descalifica,

Una característica del comportamiento de estas personas es que siempre se disponen a colocarse diversas máscaras de amigo, compañero o hermano.

El individuo tóxico de esta clase finge estar interesado, es sarcástico, irónico, oculta tus virtudes y enaltece tus defectos.

¡Daña tu autoestima a como dé lugar!

"¿Cómo superar a la gente tóxica que descalifica constantemente?"

Seguramente estas **5 claves** te funcionarán:
- No le contradigas.

- No te enfrentes a esta persona en público.
- Míralo a la cara y sonríe.
- No permitas que se convierta en tu amigo, compañero o hermano.
- Sé asertivo.

Es muy importante considerar estas claves, te lo comento por una razón que es inevitable pensar.

Cuántas veces no hemos escuchado la frase o dicho:

"Es mejor tener a tu enemigo **más cerca**".

Rotundamente te lo digo, **¡No lo hagas!**, te harás daño o quizá ya te lo hiciste, ¿Has aprendido? Sino es así, considera estas palabras como un nuevo recordatorio de lo que no debes hacer.

Recuerda que esto es meramente una sugerencia, así como todo el contenido de este libro, no cometas mi error, uno que de verdad he aprendido a la mala y a la brava…

¡No somos salvadores de quien no se quiera salvar…"

De verdad te lo digo, no lo somos, no intentes hacerte el héroe, apágate al principio básico de ayudar a quien lo solicita, no a quien crees tu que lo solicita.

Si alguien me hubiera dicho esto hace tiempo, creo que me hubiera ahorrado muchísimos inconvenientes, problemas y sobretodo disgustos.

¡Espera! Es gracioso, estoy recordando que...

¡Me lo dijeron muchas veces!...

Pero qué necesidad tenemos que aguantar groserías y malos tratos de personas que a la distancia se nota que no quieren ser ayudadas por ningún motivo.

Sigue dando pasos firmes hacia aquello que anhelas, hacer a un lado a toda esta gente tóxica, es eso.

¡Qué importa que digan!

De todos modos, grábate lo siguiente... **a esa gente tóxica**...

¡No le interesas en lo más mínimo!

Quiérete, trabájalo y caiga quien caiga, aléjalo de tu vida, debes de dejar de ser egoísta contigo mismo, madurar y crecer.

4.- GENTE TÓXICA QUE TE AGREDE CON LAS PALABRAS.

"Si las personas conocieran el peso de las palabras, le darían mucho más valor a su silencio".

- Anónimo

Los que agreden con sus palabras, son personas **difíciles y complicadas**, son seres que minuto a minuto obstaculizan nuestro crecimiento y nuestra existencia.

Estas personas, parecen **encontrar placer** en hacernos difícil la convivencia o nuestro trabajo.

La gente que practica la violencia con sus palabras es un tipo de gente tóxica que se caracteriza por ser **intimidadora y sarcástica.**

"La lengua es un cuchillo afilado. Mata sin extraer sangre".

-Buda

Es un tipo de persona que le gusta alzar la voz, gritar, proyectar una **falsa autoridad** con tratos muy lastimosos, que ellos, desgraciadamente ven muy normales.

Considera algo, estas personas tienen como finalidad hacerte sentir poca cosa, **muy inferior**, que no vales nada.

Casi siempre, navegan con una bandera de **"¡NO!"**, esa es su respuesta **a todo** lo que puedas plantearles o sugerir.

"¿Cómo superar a gente tóxica que agrede con las palabras?"

Estas **3 claves** seguramente podrán ayudarte a enfrentar a este tipo de personas:

1. Nunca subas el tono de voz.
2. Escucha de forma activa pero no respondas...
3. Muestra una actitud positiva.

Considera que estas claves podrán ayudarte de forma

¡INMEDIATA!

Deja que estas personas hablen, no los interrumpas y **sonríe.** Estas personas lo que buscan es la confrontación, no caigas en su juego, eres más listo...

*...Por eso ya estás **muy emocionado** leyendo este libro...*

Estas técnicas sacan de quicio a cualquiera, te lo digo por experiencia.

5.- GENTE TÓXICA QUE ES FALSA E HIPÓCRITA.

"Si puedes fingir sinceridad, puedes fingir lo que sea".

- George Burns

La gente tóxica se esconde mediante el uso de máscaras y disfraces, estos suelen ser de poder, prioridad o de víctima.

El problema de la gente falsa e hipócrita es que de forma inconsciente para ellos e inconsciente para ti, te obligan a ser, y a hacer lo que ellos quieren…

¡Bienvenido al mundo de…
¡La Manipulación!…

"¿Cómo superar a gente tóxica que es falsa e hipócrita?"

Presta atención a **esta clave** para poderlas superar:

- Debes dejar de ser una **persona productiva** para la gente falsa, y pasa a ser una persona que cuenta con una gran autoestima.

La autoestima te permitirá **no depender de nadie**.

6.- GENTE TÓXICA CON PROBLEMAS DE SALUD MENTAL.

"No te dejes derrotar por una desilusión, en la vida hay cosas peores como la gente"

- Marilyn Manson

Las personas con problemas de salud mental están en **todos lados**, este problema, no es exclusivo de personas con comportamientos raros, como estafadores, asesinos, delincuentes, sino que también pueden ser las personas que están en tu mismo trabajo, en la escuela, en la iglesia o incluso, en **tu propia familia.**

Las personas con estos problemas emocionales son expertos en la **mentira y en el engaño**, son los amos de la actitud victimaria, además, tienen como fin, traicionar y arruinar tu vida.

La gente tóxica con problemas de salud mental, son aquellas que no manifiestan **ningún sentimiento** de angustia o de culpa.

Son personas incapaces de amar…

Estas personas centran su vida en el **dinero**, sexo o poder.

"¿Cómo superar a gente tóxica con problemas de salud mental?"

Para lidiar con este tipo de gente tóxica, te sugiero que apliques **2 claves** importantes:

- No permitas que entren en tu vida personal más íntima
- No permitas que vivan contigo…

Date cuenta cómo las diferentes formas en que se manifiesta la **gente tóxica** son muy diversas.

Aunque aún nos falta describir algunos tipos más, con estos 6 ejemplos, comienzas a darte cuenta de forma más consciente de tu alrededor.

Este ejercicio es increíble, yo en lo personal, no me había dado cuenta de **cómo me afecta mi círculo social.**

Creo que lo más difícil de leer estas secciones, es cuando te das cuenta de que también...

¡Eres una persona tóxica!

Lo sé, sé que cuesta mucho trabajo darse cuenta de ello, pero fue absolutamente necesario si es que quería dar pasos firmes a mi libertad y a una **mejor calidad de vida.**

7.- GENTE TÓXICA QUE ES MEDIOCRE

"La gente inteligente habla de ideas, la gente común habla de cosas, la gente mediocre habla de la gente"

- Jules Romains

La gente mediocre, es aquella que vive constantemente con **el miedo a arriesgarse y a perder.**

Esto les convierte en gente **perezosa**, sin estímulos, sin sueños...

...Son personas que tristemente viven sin vivir...

"¿Cómo superar a gente tóxica mediocre?"

Solo te pido que analices estas **4 claves** con la finalidad de mejorar situación a tu alrededor:

1. Analiza qué personas de tu círculo más cercano se han estancado.
2. Aumenta tu vida social.
3. Crea tus propias metas.
4. Busca la excelencia en lugar de la perfección.

Evita comer solo, llama a tu entorno familiar y de amigos con más frecuencia, adquiere compromisos.

No te vuelvas una persona mediocre, **yo lo era** y te lo digo con mucha sinceridad…

¡No me daba cuenta!

Somos seres sociales por naturaleza, no vayas contra corriente de forma innecesaria, no tienes que demostrarle nada a nadie.

¡Haz consciencia!

8.- LA GENTE TÓXICA QUE ES NEURÓTICA

"La incapacidad para tolerar la ambigüedad es la raíz de todas las neurosis"

-Sigmund Freud

El egoísmo, la envidia, el chisme, la impotencia, el deseo de ser admirado, etc... son mecanismos que utilizan estas personas para tapar su **profunda inferioridad**.

En una **persona neurótica**, no hubo, no hay, ni habrá un desarrollo de una propia personalidad.

La gente tóxica que es neurótica manifiesta la **necesidad** de ser amada, reconocida y, sobre todo, aceptada.

Por esta razón, esto convierte a este tipo de gente en personas conflictivas, agresivas, egoístas, extremistas, etc...

"¿Cómo superar a gente tóxica neurótica?"

Me gustaría que consideraras esta **única clave** para poder lidiar con personas tóxicas de esta clase:

- Debes aprender a **poner límites** muy puntuales y precisos a este tipo de personas tóxicas.

Estas personas, **¡No son culpables!,** muchas veces así han sido programadas sus mentes, sé que suena a una película de ficción.

Lo vimos en los capítulos anteriores, no lo has olvidado, ¿Verdad?, todo aquello que debemos **desprogramar y descambiar.**

Nuestros pasos se vuelven mucho más sólidos, conforme vamos aprendiendo de nosotros mismos.

¡Fascinante! *¿No te parece?*

9.- LA GENTE TÓXICA MANIPULADORA

"El manipulador critica... pero no se atreve. Juzga... pero no es capaz. Señala... pero es cobarde. Es inútil... pero existe".

- Anónimo

Por lo general, los manipuladores esperan y estudian a las personas, en busca de su vulnerabilidad o de su debilidad.

Ellos suelen tener como objetivo a la gente co-dependiente, crédula, además, tiene un complejo muy notable de "Soy el Salvador".

También estas personas llegan a frecuentar personas que están llenas de culpa.

Buscan personas que interponen la amabilidad, que les cuesta mucho trabajo decir que no, tienden mucho a la confrontación.

"¿Cómo superar a gente tóxica manipuladora?"

Antes de estudiar las **claves** para poder lidiar con este tipo de personas, debemos preguntarnos nosotros mismos:

¿Cuántas veces he sido consciente de manipular a las personas?

Es obvio que todo ser humano ha manipulado alguna vez en su vida.

Tan sólo recuerden u observen el comportamiento de un niño y el cómo manipula para obtener sus beneficios.

Mira estas **3 claves** para lidiar con esta gente:

- Desde ahí está origen que debemos considerar para hacer consciencia de lo que somos.

- Libérate del sentimiento de vergüenza, ira, odio y todo tipo de rencores, sea quien sea.
- Nunca te justifiques frente a estas personas, créeme lo usarán en tu contra.

Guarda con celo, todos los datos que puedes considerar como privados, íntimos, y nadie puede obligarte a lo contrario.

10.- GENTE TÓXICA QUE SE QUEJA DE TODO

"La gente se queja mucho, pero se acobardan a la hora de actuar. Quieren que todo cambien, pero se niegan a cambiar".

- Paulo Coelho

La persona que se queja en exceso es aquella que piensa que el mundo se aja confabulado para ir en su contra, en contra de su familia y de su alrededor.

Estas personas convierten la queja en una forma de entender y vivir la vida.

"¿Cómo superar a gente tóxica que se queja de todo?"
¡Es muy sencillo!

Revisa estas **2 claves,** para que puedas evitar las relaciones con este tipo de personas:

- Evita ponerte de acuerdo con la persona quejosa.
- No busques solucionar sus problemas.

Sé que no ha sido fácil, este camino que has decido tomar para mejorar tu vida es de aplaudirse.

El 1% de la gente es la que se atreve a hacer, solo mira tu alrededor, somos unas personas tóxicas las cuales, realmente queremos un cambio significativo en nuestra forma de…

Para finalizar…
ESTE CONCEPTO
Pensar, Vivir y Actuar.

Para finalizar este capítulo, considera no avergonzarte de ser una persona tóxica, que te de vergüenza si además de haberte dado cuenta ya…

¡NO HAGAS NADA AL RESPECTO!

Eso sí debería darte **vergüenza**. No permitas que nada ni nadie tenga el control de tu vida.

¡Nadie tiene el derecho de boicotear tus sueños!

Conéctate con la **gente que consideres correcta**, con aquella que se pueda crecer en unidad, pero sobretodo, *confía en ti*, estás capacitado para hacerlo.

Si vas teniendo claro **tu propósito de vida y tus sueños**, podrás tener el…

…*control de tus emociones,* además del poder de decidir quién quieres que te acompañe en ella.

Habrá personas que **darán forma y color a tus sueños.**

Otras que los **menospreciarán**, pero **jamás valores ninguna** de aquellas palabras y sugerencias que provengan de la gente tóxica.

El que no se alegra de tus avances, de tus sueños alcanzados, **¡Puede pasar de largo!**

Desprecia la opinión de la gente tóxica, libérate de los críticos malintencionados, y…

… **Serás libre** de cada una de sus palabras y de sus acciones.

Tú sigue hacia delante, hacia tus metas y objetivos.

Por tu éxito, continuemos juntos esta aventura de este cambio.

*"El descubrimiento más grande de mi generación es que las personas pueden **cambiar sus vidas** simplemente **cambiando su actitud mental**".*

- William James

¡HÁZLO YA!

Concepto 5

Prosperidad y Abundancia

Es triste saber que la mayoría de las personas, no saben el verdadero propósito principal y sagrado de su vida entera.

"El 98% de las personas del mundo, malgastan el 98% de su tiempo en cosas que no valen la pena".

En otras palabras, la gente promedio no tiene idea de lo que hacen aquí, ni de quienes son.

"¿Qué quieres hacer con tu vida?"

Al leer este libro, considera que está llegando a tus manos, información que puede **cambiar tu vida** totalmente.

Lo que a continuación leerás en las siguientes páginas, es trascendental.

Te revelaré un **gran secreto**, con esto, podrás hacer lo que quieras, puedes desechar o **aplicar este conocimiento** en tu vida diaria como lo he hecho yo.

Claro, si lo usas, estoy seguro de que tu vida cambiará como la mía totalmente. Si llegas a ignorar esta información, tu vida seguramente continuará como está ahora.

Realmente te pregunto...

¿Eso quieres?

¡Anímate a probar algo distinto!

Te invito a subir a ese avión **directo y sin escalas** hacia tu nueva vida, la vida que siempre has deseado llena de **abundancia, salud y amor.**

En algo vamos a estar de acuerdo ambos, queremos alcanzar una sola cosa...

...el éxito...

Ten por seguro que varios aspectos de tu posición económica **van a aumentar**, comienza a festejar desde ahora, por fin descubrirás la forma de **resolver todos tus problemas** económicos para siempre.

"Atraigo el éxito, la prosperidad y la abundancia con todas mis ideas"

Porque si te lo crees, también lo creas, ese **es el secreto** para crear abundancia en tu vida.

Vamos a empezar con este interesante capítulo, pero antes que nada quisiera agradecerte que sigas aquí...

...Intrigado, sediento y con hambre de vivir **una nueva situación**, una mucho mejor a la que seguramente tienes ahora.

¡Si lo crees, lo creas!

¡Comencemos!

Me parece una auténtica locura, de esas totalmente descabelladas, que la gente imponga un horario específico para la vida.

Un ejemplo clarísimo es la educación a la que fuimos programados...

¿Recuerdas que ya lo hemos platicado antes?

Mira cómo te dicen que forzosamente a los 65 o 70 años te vas a jubilar.

Aprende el siguiente concepto:

¡Jubílate cuando tú quieras!

Para elegir esa hermosa fecha de retiro, deberías crear antes una **máquina creadora de dinero,** no es broma, deberías crear una máquina para crear abundancia y prosperidad.

Crea ingresos financieros suficientes para jubilarte **cuando tú quieras.**

¿Cómo lograr eso?

No comas ansias, más adelante en este mismo capítulo te lo revelaré.

Quédate conmigo un poco más, de verdad que es **muy interesante** todo lo que estoy a punto de revelarte.

Antes que nada, tenemos que definir lo siguiente:

¿Qué es el dinero, la abundancia y la prosperidad?

Hace varios años, un conjunto de investigadores de la Universidad de Columbia realizó un estudio distinto durante un mes.

Visitaron **varios bancos** en la ciudad de Nueva York, con el objetivo de estudiar **cómo se comportaba la gente** que entra y sale de los bancos.

Suena interesante y curioso ¿No crees?...

Los datos que recopilaron en esos momentos eran nada menos que **los gestos que hacía la gente**, los movimientos, las miradas, así como un sin número de expresiones.

Los resultados de estos estudios demostraron varias cosas interesantes...

...Cada persona que visita los bancos, se torna totalmente seria...

El **silencio** es casi total, solo conversas referentes a los trámites que vas a realizar, sobre todo, los depósitos de dinero.

Los investigadores llegaron a la conclusión de que, en ningún otro lugar, la gente se comporta moderadamente cuando esta en presencia de **grandes sumas de dinero.**

Ni siquiera en las iglesias las personas se comportan de una forma tan **regulada y controlada**.

Cuando tu acudas a un banco, te invito a observar detenidamente el comportamiento de las personas a tu alrededor, será muy gracioso lo sé, pero te darás cuenta de la verdad de este estudio.

Con esto podemos concluir, que **la gente respeta mucho al dinero.**

Entonces, también podemos afirmar, que el dinero es parte **fundamental** de la abundancia y la prosperidad.

El dinero no es bueno ni malo...

...Esto es algo muy importante que **te debes grabar** en tu mente y en tu corazón.

Recuerda todo lo que hemos venido trabajando para **desaprender y descambiar**.

El dinero genera mucho como una consecuencia del uso que le des.

Mira, te daré otro ejemplo, el dinero es como el agua, es buena cuando te quita la sed, pero es mala cuando inunda ciudades enteras.

¿Ves la diferencia?

El secreto para crear prosperidad y abundancia.

Cualquiera que sea tu **concepto del dinero**, te será muy fácil estar de acuerdo conmigo, la abundancia y la prosperidad son **"algo"**.

Lo importante ahora, es saber exactamente que **la abundancia** es ese "algo" que necesitamos conseguir para cubrir todas nuestras necesidades en nuestro diario vivir.

Hemos visto que el dinero y la abundancia son ese "algo" como todas las cosas que podemos ver o tocar, entonces las **leyes físicas** actúan sobre la abundancia.

Con esto, quiero dejarte en claro un concepto importante, existen fuerzas opuestas que intervienen directamente sobre **la abundancia.**

Pongamos un ejemplo práctico para visualizar mejor este punto.

Si tienes una cuerda, coges un extremo y otra persona por el otro, ambos empiezan a tirar de ella, cada uno para su lado, si la fuerza de ambos es igual, entonces habrá un equilibrio y la cuerda se mantendrá estática.

Ahora, si impregnas más fuerza, más actitud y todavía más fuerza, se hace mayor de un extremo, entonces la cuerda vendrá hacia ti, **producto del mayor esfuerzo de tu lado.**

De igual manera sucede esto con la prosperidad y la abundancia. Debemos tener al máximo nuestra **fuerza de atracción** hacia estas.

Considera que la sabia aplicación de esta fuerza puede transformar totalmente nuestra vida, así como la de todas las demás personas del mundo.

En otros términos, la acción de tener una imagen visible cualquiera que sea en tu pensamiento, esta imagen se materializa en el mundo real.

Ahora bien,

¿Cómo hacer que esta idea funcione para ti?

Ya lo sabrás, más adelante te lo diré, antes quisiera que comprendieras bien este tema.

Por esta razón, te voy a platicar sobre unos conceptos:

1.- La realidad y tu imaginación

Si una imagen está establecida en la mente, entran en acción fuerzas relativamente invisibles, fuerzas que tratan de convertir esa imagen en **realidad**.

Una imagen precisa que está establecida en la mente trae consigo un poder de **atraer lo que sea indispensable** para consumar esta afirmación.

Desde este punto de vista, sus imágenes mentales son las que crean todo su mundo.

¿Cuáles crees que sean las imágenes plantadas en tu mente?

Estas son imágenes que se deben materializar...

...Esta idea primordial es el principio de todas las realidades...

De esta forma, explica cómo se desenvuelve cada evento de nuestras vidas.

Ya sea un evento malo o bueno, los pensamientos que se crean en nuestra mente son los que **se convierten en nuestra realidad.**

Cada cosa fabricada por cada hombre inicia su existencia primeramente formando un punto invisible de energía…

…un pensamiento

Todos y cada uno de los inventos que han sido creados por la imaginación del hombre, desde una aguja, hasta lo que diga la computadora han comenzado ahí.

Si fijamos en nuestra mente la imagen de algún objeto, para llevarla a la realidad se necesitan los medios necesarios.

En otras palabras, **nosotros atraemos prosperidad y abundancia** en cualquier imagen o pensamiento que aparece en nuestra mente.

2.- Usa el potencial de tu mente subconsciente

En la actualidad, los estudiosos de la mente humana han descubierto importante información relacionada al buen funcionamiento de esta.

Una información importante es, por ejemplo...

...Si nosotros alimentamos nuestra mente con **pensamientos reforzados...**

y estos entran profundamente en el fondo de nuestro subconsciente, entonces dejan una huella de memoria directa en el cerebro.

En nuestra **mente subconsciente**, navega el curso del pensamiento,

¿Recuerdas que lo platicamos en el capítulo de la mente?

Por esta razón, nuestra mente subconsciente consigue las imágenes que son el **resultado del pensamiento** y las inserta en el tejido del cerebro.

Este proceso es idéntico al que hace un pintor cuando pinta las imágenes de su mente e imaginación en un cuadro.

Luego de esto, viene la **labor más importante de la mente**, la imagen que hemos insertado en el lado subconsciente inicia el proceso de materialización en el mundo real.

La **mente subconsciente** es una maestra en esta función, se podría decir que fabricar realidades es su afición.

Cuando intentes implantar imágenes en tu subconsciente, ya sea una imagen buena o mala para ti, verás que dicha imagen tarda poco en manifestarse en tu vida cotidiana.

La mente subconsciente, no hace ningún juicio de esa imagen, ella solo lo materializa en tu realidad y ya.

Nuestra mente subconsciente, **actúa igual que una computadora**, cristaliza la realidad según los datos que recibe sin tomar en cuenta su contenido.

Es decir, si el contenido es bueno o malo para tu vida, *la mente no tiene esa capacidad de decidirlo*, quien tiene esa capacidad…

¡Eres tú!…

De igual manera, la realidad es la que hará que todo lo que procese la mente subconsciente… **ocurra.**

Albert Einstein decía:

"La energía y la materia son intercambiables"

Por esta razón, la energía de la mente humana se convierte con suma facilidad en una **sustancia material.**

Las pulsaciones eléctricas de la mente son formas de energía creadas, que tienen la capacidad de reproducir en el mundo físico cualquier imagen que lleven consigo.

Este proceso es constante durante cada segundo de tu vida.

Si tu modificas las imágenes, **tu vida se transformará con ellas.**

Si tu colocas constantemente en tu mente subconsciente imágenes de triunfo, felicidad, realización o logros, entonces serás una **persona de éxito**, el cual llegará con total veracidad.

Por esta razón, hagas lo que hagas, se desencadenará una fuente de **energía positiva y transformadora**, que se proyectará en una vida próspera y llena de satisfacciones.

Lee con detenimiento estos ejemplos...

Las imágenes de enfermedad harán de ti, alguien muy enfermo.

Las imágenes de tristeza e infelicidad harán de ti una persona igual de insatisfecha.

Las imágenes de pobreza y temor te llevarán al fracaso y a la misma carencia.

Creo que el ejemplo está muy claro, ¿No es así?

Te dejamos a ti, a tu sentido común y a tu libre albedrío, **la decisión de qué tipo de imágenes** quieres impregnar tu mente subconsciente.

...Decide sabiamente....

¡Tú tienes el poder de decisión!

Si quieres seguir en el estado que te encuentras hoy en día, **tu mente no moverá un dedo** para cambiar la situación de las imágenes impregnadas en tu mente subconsciente.

Imágenes que son el reflejo de tu vida...

El secreto que se describe en este capítulo ha sido probado y firmado por una gran cantidad de gente a través del tiempo.

Cada vez que uses esta técnica, serás testigo fiel de resultados irrefutables.

Para finalizar...
ESTE CONCEPTO.

Lo que acabas de leer...

¡No puede seguir siendo un secreto!

Por favor, compártelo, dalo a conocer, **recomiéndalo**, haz lo necesario para transmitir cosas buenas... y vendrán cosas buenas.

Estoy casi seguro de que justo ahora, tienes en mente a alguien a quién quieres ayudar, alguien con quien compartir esta valiosa técnica e información.

Ya deja de ser de ese 98% que no hace nada con su vida.

Motívate, vamos a programar un subconsciente mucho mas próspero y abundante.

*"La actitud es una elección. La felicidad es una elección. El optimismo es una elección. La amabilidad es una elección. **Dar es una elección**. El respeto es una elección. Cualquier elección que hace lo hace a usted. **Elija sabiamente**".*

- Roy T. Bennett

¡HAZLO YA!

Concepto 6

Pongámosle Acción

Actualmente existe evidencia científica y sustancial que demuestra que sólo cuando estás en un estado muy agradable de experiencia, un estado emocional de felicidad es por eso por lo que tu cuerpo, tu mente y tu espíritu, funcionan de la mejor manera posible.

"La bondad es la única inversión que nunca falla"

-Henry David Thoreau

Mira, vamos a explicarlo de una manera más sencilla, cuando estás con un ánimo inmejorable y vibras de una forma muy positiva, tu cuerpo y tu mente trabajan a tu favor, **no en tu contra**, como seguramente en muchas ocasiones has pensado, esto es con la finalidad de llegar a tu máximo potencial.

Hubo una ocasión en la que un gran personaje del manejo positivo de nuestra mente llamado Sadhguru Jaggi Vasudev relataba que fue a tomar un café con un magnate genuino y este le comentó que, en lo personal, él mantenía una mente y espíritu tan fuertes que cada mañana sentía que **nada ni nadie podía perturbarlo.**

Al preguntarle, ¿Cuál era su técnica?, él respondió sin mayor dilación, su única y muy sencilla rutina por las mañanas...

...PRACTICAR Y ESTABLECER EL ESTADO EMOCIONAL DE ALEGRÍA Y FELICIDAD EN SU MENTE Y SU CUERPO...

Esto, con la única finalidad de **hacer crecer su mentalidad**, aptitud, sabiduría y carácter.

Es muy claro que si tienes miedo a sufrir, a caer o a la derrota, nunca subirás a lo alto, ¿Verdad?

¿Eso es lo que tienes hoy?

Mira a tu alrededor y date cuenta de lo que tienes, entonces, hay suficiente evidencia para demostrar que cualquier impacto, éxito o lo que sea que represente para ti un nivel de progreso, nos lleva a un nivel de vida que **nosotros atraemos**.

Quisiera pedirte un favor, trata de observar qué tan efectivo eres al aprovechar tu proceso fisiológico y psicológico, en otras palabras...

¿Qué tanto aprovechas tu cuerpo y tu mente?

Por lo tanto, un **estado mental de alegría y felicidad** es fundamental para conseguir todo lo que tu te propones en esta vida.

Cuando nosotros encontramos un **crecimiento espiritual** en nuestras actividades diarias, tener éxito, atraer prosperidad e incluso tener riqueza en todas las áreas de la vida.

En la actualidad, ser rico, quizá representa la cantidad de dinero que una persona tiene, pero **tener riqueza** es mucho más amplio que eso.

No se limita al dinero...

El verdadero significado de la riqueza es **estar rodeado de la gente que quieres y hacer cosas que te hagan feliz** y al mismo tiempo disfrutar cada día del ambiente y la naturaleza que te rodea.

El estado emocional de alegría, paz y felicidad pone orden en tu mente.

Esto es importante, si tu logras poner un nivel importante de orden en tu mente al mismo tiempo estás organizando todos los sistemas de tu cuerpo.

Tu emoción, tus energías, todo estará organizado en una sola dirección...

"El logro de haber alcanzado tu verdadero potencial"

Sé que quizá en este punto estés un poco confundido o impaciente, pero solo de esta forma notarás que todo lo que sucede a tu alrededor, empieza a suceder sin siquiera levantar un solo dedo.

Antes que nada, quisiera aclararte, que sin importar la ideología o religión que profeses, las enseñanzas de aquel importantísimo ser y maestro llamado Jesús, siempre estuvieron orientadas a **conseguir la felicidad**, luego la paz interior junto a la espiritualidad, mente-cuerpo y el no menos importante crecimiento constante y progresivo.

Ponle acción y despierta tu máximo potencial, vamos partiendo desde nuestro interior, hacia el exterior, y todo esto es posible mediante la creencia de un guía.

Esta creencia sólo de manifiesta cuando eres consciente de tu crecimiento, que sepas que a tu alrededor <u>**te han dotado de todo lo que necesitas para vivir feliz**</u>.

Un ciclo constante que inicia con la felicidad.

Es por ello por lo que incluso, grandes figuras del pasado han tomado como estandarte algunas de estas enseñanzas como por ejemplo...

"La devoción es para aquellos que son como niños"

Estoy seguro de que la esencia de este concepto la has escuchado muchas veces, es decir, se habla de personas que **no tienen argumentos o conceptos preconcebidos**, personas que no asumen nada, sino que están dispuestas a mirar todo como si fuera nuevo.

Esa es la belleza de un niño, el cual no está maleado ni contaminado con las ideas de los adultos.

¿Recuerdas lo que platicamos de las **ideas preconcebidas** que tenemos sobre el dinero?

A estas alturas, quiero creer, que ya te has dado cuenta de que esas ideas te las implantaron y que tu también implantas los mismos conceptos en los tuyos.

Acción:
¡Ya no lo permitas!

Ser como un niño, no significa que no sabes nada, como seguramente se los quieres hacer creer, sino que **miras todo como la primera vez**.

Es algo maravilloso, ¿No te parece?

Solo aquellos que son como niños pueden caminar el camino de la **felicidad y alegría** innata de la devoción.

La acción ha sido **el método más propagado** en los procesos espirituales en todo el mundo durante mucho tiempo, esto debido a que la emoción siempre ha sido la parte mas fuerte del ser humano.

Esto tiene una única finalidad, **conseguir todo lo que se desea en la vida.** Lo puedes lograr, estoy seguro.

Tienes la oportunidad de elevar tus emociones a una intensidad bastante considerable muy fácilmente.

Por otro lado, los adultos han trabajado muy duro en nosotros desde nuestra infancia en los siguientes conceptos:

¡Debes ser el primero!
¡Debes ser el mejor!

En cambio, no te dijeron ni te educaron para que tengas el objetivo de no ser el mejor, sino de que debes llegar **a tu máximo potencial**, solamente te implantaron eso… se el mejor, se el primero.

No puedes ser el mejor sin que te compararas con alguien, este es un **proceso destructivo** que ha comenzado desde la infancia.

Cuando tienes como una de tus aspiraciones principales son, querer ser el número uno y nada mas, solo puedes sentir una emoción al ver que pasa el tiempo y no lo logras... **Frustración.** ¿Sabes por qué?

¡Porque solo puede haber un número uno!

El resto son únicamente seres humanos frustrados, frustrados por esa **falsa enseñanza.**

Reflexiona:

¿Cuántas veces no le has dicho a alguien cercano, sea tu pareja, hijo o hija, amigo o familiar, que deben ser los mejores o los números uno en lo que hacen?

Así es, y por experiencia propia, te puedo decir que eso **no sirve de nada.** Es una situación que te frustra, te presiona y en mi caso particular, entendí que sólo era un reflejo de frustración quien me lo decía.

Hasta el día de hoy, entiendo el por qué se me sometía a tanta presión en esa época y es algo que ten por seguro, nunca les haría a mis hijos, al contrario, a ellos quiero sembrarles una mentalidad de éxito, abundancia y prosperidad, que despierten ese máximo potencial.

Es justo lo que estoy tratando de hacer contigo, eso es lo que me motivo día a día.

¡Es lo mejor que les puedo dejar a ti y a mi familia!

No, dejarles la universidad ya bien pagada no es lo que debes dejarles, como seguro piensas, o me negarás que no tienes implantada la idea vaga y errónea de…

"Lo mejor que le puedo dejar a mis hijos… es la educación"

¡Ojo! Te aclaro que el concepto no está mal, y seguramente a estas alturas del libro ya te has dado cuenta, **lo que es erróneo** (y te recuerdo que es mi punto de vista y mi experiencia personal ya que es lo que a mí me ha funcionado) **es que quieras dejarles la gran educación para ser unos empleados…**

… ¡Para cumplir los sueños de otros!…

¡Sí!, eso es lo que debes evitar, en su lugar, deja una educación financiera, una mentalidad de emprendimiento, forjar un carácter de éxito, de preparación para el futuro ante cualquier situación.

Y te lo repito porque este concepto es sumamente importante para alcanzar el éxito que tanto anhelas, abre tu mente, haz a un lado las viejas ideas y repite conmigo...

Lo mejor que puedo transmitir hacia los demás es:

1.- Educación Financiera.
2.- Mentalidad de Emprendimiento.
3.- Carácter de Éxito.
4.- Preparación para el Futuro.

Tomando en cuenta que estos cuatro principios **son lo que te enfocarás en transmitirles**, el agregado extra que quieras dejarles como una universidad (Educación escolar), un negocio, propiedades o lo que sea, **no servirán de nada** sin antes implantar en la médula, en su mente y en su corazón estos principios.

Esta clase de educación y de conceptos, son los que debes de dejar, heredar, enseñar, **transmitir** y fomentar a que se aprendan.

Enséñales **algo esencial,** esta frase que te dejaré es para que la apliques no sólo con tus hijos, sino que se la expreses a esa persona que tanto te importa, así es...

¡TÚ MISMO!

Esta frase es...

"Yo (tu nombre) quisiera trasmitirte fácilmente que evites estudiar, prepararte o vivir para cumplir los sueños de alguien más siendo cualquier empleado, primero debes hacerlo para cumplir los tuyos y luego para ayudar a otros a hacer lo mismo."

¿Te has dado cuenta como en una frase tan breve, **te desprendes fácilmente de tu egoísmo**, te ayudas personalmente y al mismo tiempo ayudas a los demás?

¡Caray! No sabes cuan emocionado me siento al momento de estar escribiendo este libro.

Primero, es porque se que te va a ayudar como a mi, a darte cuenta de que, aunque no vivas mal, **puede ser mucho mejor tu calidad de vida.** ¡Ponle ACCIÓN!

En segundo lugar, estoy plenamente seguro de que quieres **hacer un cambio en tu modo de vida** y en la de tu familia, mi propósito es ayudarte a conseguirlo con este libro y sus conceptos.

Retomando nuestro concepto, te pido que consideres una situación, cuando decides entrar a este círculo de transformación, **vas a generar muchos sentimientos y posiciones negativas** de aquellas personas con las que solías rodearte.

Esto **no debe de generar resentimientos** en tu manera de sentir, esa no es una buena manera de comenzar con esta transformación, no dejes el EGO hable por ti y mucho menos, que actúe por ti.

Al contrario, **ponle acción y transmite** estos conceptos, invítalos a que prueben esta nueva manera de vivir, sentir, pensar y actuar.

En mi experiencia, no hay mejor ejemplo de transformación que la acción.

Las acciones son las situaciones fundamentales para que verdaderamente ese mensaje de transformación llegue a la mente y a los corazones de quien tú quieras.

Deja que **el ejemplo de tus acciones** sea quien atraiga a quien quieras transmitirle este mensaje de éxito y abundancia.

Esto no significa que a todos los veas por debajo de tu hombro pensando **"yo estoy bien y ellos están mal"**, te lo digo porque parte de la euforia de este cambio puede hacer que el EGO hable con una supuesta buena intención.

Todo esto se trata de que no seas del tipo de personas que da golpes y pasa por encima de cualquiera, que seas de aquellos que aspiran a ser el número uno a costa de lo que sea, ya hablamos de que eso, **no sirve para nada.**

Si eres del tipo de personas más amable, aquellos que tienen sentido en su vida para esperar, si eres un ser humano que tiene algo de humanidad...

¡Lo lograrás!

Cada vez que retomas tu aspiración de ser aquella persona "Número uno" en todo, considera que **te olvidas de tu humanidad.**

Sentarse encima de la cabeza de alguien, **no debe ser por ningún motivo tu objetivo**, recuerda que el verdadero fin es...

¡Alcanza tu máximo potencial!

Como resultado de esto, una prosperidad y todo lo exterior que signifique un nivel de crecimiento y progreso, **será tu nueva realidad.**

Recuerda, no hay otro camino más que **ponerle acción** y lo hagas, únicamente con acción a tus hechos verás el resultado.

En estos tiempos interesantes en el que vivimos, cada uno de nosotros tiene la responsabilidad de hacer todo lo posible para proteger nuestra **fuerza y esperanza**.

Sé que este sentimiento es poco ortodoxo, o quizá difícil de comprender en una cultura que nos anima a culpar a todos los que están fuera de nosotros por la forma en que pensamos, sentimos y actuamos.

Es muy fácil culpar a la economía, al gobierno, a las pocas oportunidades, a la familia, a la pareja, a los hijos, a los amigos o al jefe inmediato de nuestro trabajo, culpar a la adversidad en general por cualquier desafío que enfrentamos.

En lugar de hacer esto y echar culpas, te invito a recordar que los seres humanos tenemos **el poder de superar** cualquier cosa que la vida decida enviar.

Encontrarás un estado de experiencia agradable de la vida, un estado de alegría y felicidad en la mente que se reflejará en automático en tu cuerpo es fundamental para **superar cualquier obstáculo** que se presente.

Estos obstáculos pueden manifestarse en un objetivo personal o en una **<u>manifestación espiritual de la riqueza.</u>**

Quiero darte un ejemplo de esto, si tu quieres construir tu casa y comienzas pensando "Quiero construir mi casa", pero para construir una casa, necesito una cantidad de dinero importante y no tengo ni el diez por ciento de eso, entonces pensarás "No me será posible".

¡No lo permitas!

Y estas palabras de "No me será posible" te las repites por lo menos unas 100 veces en la cabeza, y claro, adivina que se graba en tu mente subconsciente…

¿Ya empiezas a comprender?

Recuerda que en el momento en que dices eso, también estás diciendo que **"No lo quieres"**.

Míralo de esta forma, en un primer nivel, te estás enfocando en ello y creando un deseo de que tu supuestamente quieres algo, y en el otro nivel te estás diciendo a ti mismo **"lo rechazo, no lo quiero"**.

Viejas y muy marcadas costumbres que tenemos ¿No es así?

Date cuenta de que, bajo este tipo de grabación y manipulación a tu mente subconsciente, **estás creando infelicidad e intranquilidad** y como resultado de esto, tu mente y tu cuerpo <u>**no van a trabajar por ningún motivo a tu favor.**</u>

En estos casos, debes darle prioridad al accionar, así es, **acción, acción y mucha acción**.

Si ponemos en orden nuestra mente, fundamentalmente significa pasar de un estado compulsivo de actividad, a un **estado totalmente consciente** de actividad.

Ser consciente de lo que queremos lograr es un paso importante hacia esta nueva vida, no caminar al mismo tiempo que la multitud y hacer lo que diversas culturas han marcado como una forma "correcta" de pensar.

El problema actual con nuestra mente es que a cada momento esta cambiando su dirección, **es muy difícil mantenerla enfocada**, es como querer viajar a algún lugar y a cada dos pasos cambiáramos de dirección.

De esta manera tan confusa, será muy difícil que puedas llegar al destino o cumplimiento del objetivo que te has planteado.

Una vez que pasas a un **estado consciente de actividad,** te enfocas de manera consciente a realizar esta actividad, esto puede clarificar todo el panorama y generas un **compromiso consciente** de mantener el proceso de este pensamiento **en una sola dirección.**

Una vez que puedas mantener un **flujo constante de consciencia y acción** sin cambiar de dirección de forma inesperada, definitivamente aquello que te has planteado, sea éxito, prosperidad, libertad financiera, amor o sencillamente felicidad y paz interior…

¡Se manifestará como una realidad en tu vida!

A lo largo del tiempo, este accionar se ha venido realizando por muchas personas que quieren ese cambio en sus vidas.

Hay otros individuos que, por otro lado, piensan o tienen la extraña idea de que lo relacionado con lo espiritual **es igual a austeridad.**

Te hablo de esa austeridad de la que muchas veces proyectan las películas, aquella que es de vivir bajo túnica ayunando hasta el cansancio, rodeados de la nada, encerrados en un templo, sin libertad... y claro que esto existe, tampoco digo que este mal, pero no relaciones la espiritualidad con esos entornos, porque **no es así.**

Este concepto es muy extraño ¿No crees?, se manejan como si la abundancia y la prosperidad fueran algo negativo, al final... **viejas y erróneas ideas implementadas en tu subconsciente.**

¿Eso piensas de la espiritualidad y sus caminos?

¡Ponle acción y revísate!

Lo **verdaderamente negativo** es la falta de abundancia, prosperidad, riqueza y amor en tu vida.

¡Atrévete a romper estas cadenas!

Decídete, puedes tener **abundancia en tu vida**, no necesitas renunciar a tus valores para ello, date cuenta del juego mental que trata de proteger el papel de víctima implantado que tiene, ante una sociedad "capitalista y cerrada".

¡No lo permitas!

Te invito a continuar leyendo y que descubras conmigo los puntos importantes de acción que debes ejecutar de forma inmediata en tu vida cambian tus decisiones, ponle acción y como resultado te aseguro que cambiará tu vida.

*"La **gente exitosa** adquiere el hábito de hacer cosas que a los fracasados no les gusta hacer"*

- Albert Grey

El éxito no suele ser el resultado de nuestras principales selecciones, en lo personal, considero que **es la suma de todas esas acciones pequeñas** y que aparentemente no les das importancia y han impactado en tus decisiones.

Platicando con varias personas que han tenido mucho éxito, que tienen empresas de renombre aquí en mi país, México, todas me han platicado del cambio que tuvieron y el factor mas importante de transformación que todos trabajaron fue **la mentalidad.**

Todos me comentaron que viven diario una sensación de empuje, de acción, de motivación, de éxito. Con esto, me queda claro una cosa, la mentalidad que tienen es de otro nivel, pero **totalmente alcanzable.**

*"Si **tu EGO te eleva** más allá de las estrellas, cuanto más subes, la intensidad del **dolor de la caída** es el grado de humildad... que necesitas".*

- E. J. González

Recuerda que este **no es un estado de competencia**, se trata de que te lo que te rodea, sea un ambiente de prosperidad, de gente que tenga éxito, velos como mentores, al final también son seres humanos, **no hagas ídolos de barro,** simplemente motívate con buenos ejemplos.

Observa el panorama de la gente con mentalidad pobre, la forma de vivir de esa gente gravita en no tomar ningún tipo de acción y espera que el gobierno o un "milagro" les de todo el dinero para sobrevivir, esas personas se la pasan quejándose de la vida, lamentando su existencia y maldiciendo al universo cuestionando...

"¿Por qué a mi me pasa esto?,

¿Qué hice para merecerlo?"

Aunque es gracioso… te apuesto que, aunque esa gente se ganara la lotería, te apuesto a terminarían peor de quebrados de como están ahora y es por una sencilla razón, **no tienen educación financiera.**

Por otro lado, estos seres exitosos parecen haber aprendido a enamorarse de la rutina de todos los días, es increíble, **parece que se han enamorado completamente de la disciplina.**

En consecuencia, respaldan aquella idea que nadie quiere escuchar…

"El éxito no es una casualidad"

Entrar en **acción y la autodisciplina** es la manera más simple y rápida de hacer la vida lo más fácil posible. Esta es la clave para **alcanzar cualquier cosa** con la que hayas soñado.

Esta combinación te da libertad, l<u>**a libertad de hacer cualquier cosa.**</u>

Esto es lo que me llevo de ser un niño temeroso, un adolescente con ideas confusas, un adulto con implementaciones subconscientes de mentalidad pobre… a un adulto productivo que **goza de la libertad** que siempre quiso tener y que tiene la gran oportunidad de poderlo transmitir a muchas personas.

¿Estás listo para comenzar este viaje que siempre has soñado?

La razón por la cual **debes comprometerte** con la acción y la autodisciplina todos los días por el resto de tu vida es por algo por lo que llamo y que aprendí de uno de mis mentores...

"El axioma del arriendo"

Este axioma establece que **el éxito no le pertenece a nadie**, solo es arrendado, y este arrendamiento debe pagarse **todos los días**.

Claro, cada uno tiene su propia definición de lo que es el éxito, este axioma permite eso.

Como ejemplo, quizá lo que buscas en estos momentos es tener un cuerpo sano, mente sana y una espiritualidad bien entrenada, quizá también, un negocio próspero, estabilidad sentimental, seguridad financiera.

Sustituye todas estas cosas por **"tener éxito en general"** y te darás cuenta lo que quiero transmitirte y hacerte entender, estos son arrendamientos que debemos pagar diario.

Recuerda algo importante, **el éxito no le pertenece a nadie**.

No importa dónde te encuentres ubicado en el área de la acción y autodisciplina, así sea nula, es posible **mejorar y crecer,** todo depende de ti.

Si hoy mismo tomas la determinación de **ser disciplinado** respecto a alcanzar tus metas planteadas, dar cumplimiento a tus promesas, o incluso alcanzar tus objetivos, todo esto dará como resultado vivir lo que realmente esperas de tu vida.

El proceso para poder **alcanzar la disciplina**, si así lo decides, comenzará con experimentar los fundamentos sobre los cuales pueden sembrar una vida disciplinada, esto va a cambiar el resto de tu vida.

Te darás la oportunidad de comprobar que te estás convirtiendo en la persona que siempre has querido y deseado ser.

Hay una probabilidad de que sientas que te preparas para una fuerte batalla, sobre todo, **una batalla interna contigo mismo.**

¡Así será! Y no tengas miedo, sólo activa ese accionar en ti, tu mismo te convencerás de que esta transformación que estás viviendo **es el camino a esa libertad y felicidad** que tanto anhelas.

Por primera vez estás creyendo en el poder de la libertad de hacer lo que tu deseas, lo que realmente te apasiona...

¡Tú motivación!

Recuerda algo muy importante...

"El éxito es para ti y para cualquiera que esté dispuesto a tomar la iniciativa y pagar el precio que eso implique".

Siembra, siembra y siembra más, luego cosecha. **el éxito es un resultado planeado**, no es un accidente.

Cuando hablamos de éxito, también podemos hablar de mediocridad, ambas son absolutamente previsibles, esto es debido a que siguen la ley general e inmutable de la siembra y la cosecha, la acción y la reacción.

Te explico, si quieres cosechar beneficios mayores para tu vida debes sembrar más servicio, más desprendimiento, siembra menos egoísmo. Sé que es difícil porque así nos han implantado las ideas y muchas costumbres...

Acciona... ¡Hazlo ya!

Disciplina + Valores + Acción

Esta es la fórmula mágica, y **esta a tu alcance**, esta la he podido concluir en estos años y tiene el cien por ciento de efectividad.

En esta vida, **todos gozamos de bendiciones**, algunas de ellas tienen "requisitos previos", sin duda, y estoy seguro de que en algún momento te has sentido bendecido.

Esta bendición, considera que no llega al azar, gratis o cómo muchos creen, *"caída del cielo"*.

El éxito en la vida no está basado en la necesidad, sino en la semilla que cosechas.

De esta manera, debes de llegar a ser muy hábil y bueno en un área específica, y esto automáticamente te llevará al éxito.

¿Ya has entendido esta sencilla fórmula?

Desafortunadamente muchas personas han sido engañadas o estafadas en sus procesos, si tu eres de esas personas que han tenido la mala experiencia, **que eso no te detenga**.

Recuerda que estas experiencias, **no son fracasos**, solamente son las formas que no debes realizar ni seguir para alcanzar ese objetivo. Se llama **experiencia y aprendizaje.**

Seguramente te has topado con gente que te ha hecho sentir inferior, incluso que te han dado a entender que no vales nada, son aquellas que te hacen totalmente responsable por las malas decisiones.

Las malas experiencias y los fracasos, muchos las consideran como **la gran mentira**, se compran la triste idea de que ante el fracaso ya no son merecedores de una segunda oportunidad o abandonan sus sueños, esta creencia bien arraigada en muchas mentes subconscientes, culturas y formas sociales, promueven la mentira y la mediocridad.

En consecuencia, un muy bajo rendimiento personal.

¿Tú le creerías?

Quisiera compartirte luna de mis conclusiones personales sobre todos estos conceptos…

"La ley de la causalidad no tiene excepciones"

Para mi, esta ley se considera imparcial y muy personal, puede llegarnos en un orden particular, como ya lo hemos analizado antes…

Primero se siembra… luego se cosecha.

Esta ley, al igual que otras, como la de la gravedad, funciona…

¡TODO EL TIEMPO!

No es una ley que funcione parcialmente, o que aumente con el frío o disminuya con el calor. Esta ley aplica siempre, no importa si la consideras justa o no, incluso si la conoces o no…

Te aplica…

Por darte un ejemplo, **es meramente imposible e ilógico intentar cosechar algo que no se ha sembrado**, sin embargo, mucha gente se frustra debido a que ese es su modo de operar. Lamentable.

No pidas éxito sino hay acción, no pidas amor sino lo das, no quieras que todas las situaciones se te brinden bien, rápido y sin hacer nada, si previamente no cosechaste absolutamente nada.

No termines frustrado como muchos que conozco, esas personas que lo quieren todo fácil. Si eres de estas personas, no hay problema, siempre se está a tiempo de corregir con acciones puntuales, revísate, a estas alturas ya sabes perfectamente si eres o actúas así.

De acuerdo, eres de estas personas, muy bien, te lo repetiré... **PONLE ACCIÓN**... corrígelo y ya, atrévete a dar un sólo paso.

*"**El éxito** es el resultado de los pensamientos correctos en sinergia con las acciones correctas".*

- E. J. González

El éxito y el fracaso **no son situaciones accidentales**, sino "consecuencias". Si analizas un momento todo lo que has sembrado en el pasado y miras a tu alrededor, ve lo que estás cosechando hoy.

Date cuenta, **tu empiezas a ascender** hacia tu realización plena como ser humano en el momento en que aceptas con humildad la verdad de tu situación y tu vida. De que **la causa y la consecuencia son inseparables**.

La marca de un individuo espiritualmente maduro y mentalmente saludable es la **aceptación** de la responsabilidad completa de su vida.

Cuando sientas la responsabilidad total de tus actos, darás un paso en reconocer que **eres la causa** de todas tus elecciones, acciones y decisiones.

Cuando tienes las **bases reales de la responsabilidad**, eres mucho más propenso a actuar de maneras que después no se convertirán en causas de remordimiento, frustración o vergüenza.

La vida llega a ofrecernos a todos los seres humanos una oferta especial indefinidamente. Recibimos por lo menos una consecuencia gratuita con cada decisión.

Todo lo que haces o dejas de hacer, cuenta. **Cada acción tiene una consecuencia**, pero toma en cuenta algo muy importante, no toda consecuencia está relacionada con una acción negativa.

Las consecuencias que suceden simplemente son el resultado de la acción realizada, o sea, el principio básico de lo que conoces como...

"Causa y efecto"

En este momento, quisiera darte un ejemplo:

¿Te estás convirtiendo en la persona que quieres ser o no?

No existen colores grises, ni tibios, medias o neutralidad, aquí simplemente **se logra o no se logra**.

Detente por un momento y reflexiona:

Trae a tu mente todas las decisiones más relevantes que has tomado en el último año.

Estas decisiones ¿Cuándo fueron tomadas?

Cada día, cada hora, mientras te encontrabas triste, contento, eufórico, no lo sé, es algo que debes meditar, pero, sobre todo, considera todas las consecuencias…

¿Hoy estás satisfecho con todas esas decisiones tomadas?

Imagina y visualiza, que pudiste haber tomado una decisión distinta a la que tomaste…

¿Cómo podría ser tu vida hoy, de haber tomado varias decisiones diferentes?

Es difícil aceptar la realidad, pero no imposible, yo te sugiero que dejes de pelear contigo mismo, con tu mente consciente y subconsciente, te aceptes y mires hacia delante. Hoy en día…

¿En qué te has fallado a ti mismo?

¡Ponle acción!

Reflexiona y medita sobre esta situación profundamente, regálate este tiempo, el mundo no va a colapsar debido a que has decidido **pensar en ti** unos minutos.

Es indescriptible la sensación que tengo en estos momentos, me emociona poder ayudarte en todas las áreas de tu vida que más pueda.

Me da mucha alegría saber que podré ayudarte a cambiar por lo menos un poco, en comparación de quién eras antes de comenzar a leer estos conceptos.

Quisiera regalarte una perla, quiero motivarte a hacer algo diferente y que sea el punto de partida, ya sea en tu carrera profesional, tu vida en el hogar, tu estado de salud o incluso tu fe.

Puedes comenzar a tomar decisiones más sabias y a adoptar menos vidas diferentes...

Antes de lo que puedas imaginarte, te encontrarás en un **lugar mucho mejor** del que te encuentras ahora. Te pido que guardes la siguiente frase en tu mente y en tu corazón:

"Al momento de tomar una decisión, también considera las consecuencias de esta"

- E. J. González

Crea, genera disciplina y acciona una vida libre de pretextos y excusas.

Haz un compromiso contigo mismo, acciona y comprométete que fomentarás en tu hogar, trabajo o donde tu te encuentras, que sean unas zonas…

¡LIBRES DE EXCUSAS!

Si llegase a surgir una situación que previamente generó una excusa, sustituye las palabras por…

"Soy responsable"

Intenta encontrar la verdadera raíz de tus problemas y sino te sientes completamente a gusto en las áreas de tu vida, **acepta tu responsabilidad** ante tal situación.

Hacer estos ejercicios y sugerencias, no implica que debas cargarte con el peso del pasado, esas lozas o costales, no los arrastres, **suéltalos y se libre**.

Ponle acción y actúa de forma inteligente, cuando reconozcas la verdad, te sentirás liberado y tomarás camino para **construir un futuro sólido**. Será el futuro que **tu quieres**, no el que te tocó.

Las excusas son malos hábitos, desgastantes y contraproducentes, evita estos hábitos, no te llevan a ningún fin próspero ni abundante.

Este concepto nos lleva a la acción, así que te invito a realizar este ejercicio:

Si estás en un lugar o te encuentras en un sitio donde una persona esté dando alguna excusa, **observa** como actúan las personas bajo esa interacción.

¡Claro! Verás cómo **la mayoría comienza a excusarse** también, y esto es debido a que se sienten en comodidad de "sacar" todo lo que llevan dentro.

**Para finalizar...
ESTE CONCEPTO.**

Te sugiero **crear un entorno** propicio para el éxito, dejando a un lado toda excusa verás como la gente tóxica llena de excusas no tolerará estar ahí, así es, no tienes que mover un dedo para alejar a esas personas de ti.

La gente que está llena de excusas, **solas se alejan**, no se sienten cómodas, no se sienten en ambiente. Ponle acción a estos ejercicios, disfruta del proceso que has decidido emprender y prepárate para la cosecha de este triunfo.

Este es el verdadero indicador de que profundamente deseas **alcanzar tus objetivos**.

Mi consejo definitivo para eliminar cualquier excusa es el siguiente:

"Siempre que pienses en una excusa, pregúntate si alguien ha estado alguna vez en una circunstancia similar y tuvo éxito a pesar de ella".

Te sorprenderás al encontrar que la respuesta es casi siempre "Sí".

En general, alguien en alguna parte seguramente pasó peores circunstancias que tu y aún así...

¡Tuvo éxito!

Si algo **debes rechazar** cabalmente y de forma inmediata, es la postura general de las personas con mentalidad pobre, la representación del **papel de víctima.**

Las víctimas no tienen tiempo de estar ocupadas en ver cómo van a progresar. Yo creo en ti, creo que tu nivel de éxito es considerable, ahora te invito a creer en ti.

Ponle acción a tu vida.

"La felicidad de tu vida depende de la calidad de tus pensamientos:
Por lo tanto, vigila y asegúrate de no tener ideas inapropiadas para la virtud y la naturaleza razonable".

- Marco Aurelio

¡HAZLO YA!

Concepto 7

Menos miedos. Mi propósito.
Y ahora... ¿Qué hago?

Cuando inicié **mi vida laboral** y mi **proyecto personal de emprendimiento**, lo primero que calculé ha sido un escenario un poco fatalista. *(Qué te puedo decir, así estaba acostumbrado a analizar todas las situaciones, siempre relacionado con el fracaso).*

*"El valor no es la **ausencia del miedo**, sino el miedo en conjunto con la **voluntad de seguir adelante**".*

- F. F. De Urdinarrain

Había considerado que **en ambos** tenía un alto porcentaje de fracasar, en el caso de mi vida laboral, siempre viví con la expectativa de ser despedido y en el mismo contexto coloqué mi emprendimiento.

Esta situación **la justificaba** con la idea de "ser calculador" ante cualquier escenario y que ningún tema o situación fuera de mi control me tomara por sorpresa.

Con todo lo que has aprendido con estos conceptos, ya te has dado cuenta de que **mi mentalidad no era la adecuada.**

Ya sabes que el miedo puede paralizarnos o puede motivarnos, tu decidirás cuál de los dos permites en tu vida. Es normal tenerlo y vivirlo, en **mi experiencia** y como pequeña anécdota, te platicaré uno de mis miedos personales al momento de que decidí emprender.

Resulta que cuando comencé a echar a andar la idea de mi emprendimiento, **mi propia familia no creía en mi,** tal fue el sentimiento de miedo que me provocaron, que quería abandonarlo, me hicieron sentir tan mal, que ese sueño estuve a punto de hacerlo a un lado... en ese momento la persona más especial para mi, como lo es mi madre, me dijo:

"Yo creo en ti, yo te apoyaré siempre".

No me dejarás mentir, las madres son unos seres mágicos y extraordinarios, tienen ese don de transmitirte mucha tranquilidad y amor; a partir de ese momento **no volví a dudar más de mi.**

Sabía que había que tomar el riesgo, da mucho miedo de verdad, pero este es un componente fundamental para la prosperidad y el éxito en nuestra vida.

Hoy en día, ya cuento con varios años de mi emprendimiento personal y puedo decirte que es el proyecto al que actualmente **más amor le he puesto.**

No tienes idea de la sensación que te deja el poder trabajar en algo tu quieres. Esto, poco a poco me fue ayudando a encontrar mi **¿Para qué?** Seguramente te has hecho esta pregunta en más de una ocasión.

Hoy te invito a que sin miedo y con esta nueva información que te están proporcionando estos conceptos, intentes contestarla.

"Hoy somos lo que escogemos", después de mucho sacrificio y disciplina, mi desarrollo personal, económico y espiritual han dado sus frutos... y los siguen dando.

Solo el **1% de las personas** están dispuestas a ir en contra de todos y de todo por su éxito y desarrollo personal, así es, solo el 1%...

Hoy en día, podría decirte que existen **dos acciones** únicas, objetivas y trascendentales para tener éxito en cualquier situación que enfrentemos, te hablo de esos conceptos que te harán **realmente rico.**

¿Quieres saber cuáles son? Estas dos acciones son...

"Aprender y Moverse"

Para dar un poco de contexto, la única forma de aprender es **investigar y leer y leer y leer,** tal como te lo he sugerido en el tercer concepto dentro de las cualidades de un ser más abundante.

Sino lo recuerdas, te recomiendo leer nuevamente el concepto tres, no debes aprenderte mi libro de memoria con la primera leída. Este libro está diseñado para que lo leas, lo subrayes, hagas anotaciones, lo **vuelvas a releer,** que hagas con el lo que tu quieras, con tal de que te funcione.

Retomando estas acciones, moverse significa que **le pongas acción a tus ideas** (¿No te suena del concepto "Pongámosle acción"?), moverse significa que

¡¡¡No te rindas!!!

Tienes que tener claro que no rendirse, se refiere a **no hacer caso a esos saboteadores**, sea quien sea, como te platiqué en mi caso particular, esos saboteadores eran mi familia, los más cercanos, así que no importa quién sea, no te rindas.

Pero **¿Qué hacer con mi propio ser?,** con aquel que miro al espejo todos los días, ¿Qué hacer con mi voz interna?, aquella que me dice cosas como:

"No puedes", "Deja eso para más tarde",
"Es mucho trabajo para ti",
"Seguramente no podrás lograrlo" ...

Si tienes la capacidad de **vencer esa voz**, aprenderás a no rendirte cuando las cosas se compliquen en cualquier área de tu vida.

La razón por la que **leer y aprender** es tan importante, es que hay muchas personas que vivieron un sin número de experiencias más abundante, gracias a esto, tenemos la suerte y la bendición de que muchas de estas personas, deciden escribir y compartirnos esas perlas, gracias a esta acción, como resultado **todos crecemos**.

No hay un problema nuevo que puedas tener, que no lo haya tenido alguna otra persona en su presente o en el pasado, y tampoco alguien estará exento de vivirlo en el futuro.

Seguramente alguien ya ha escrito algo sobre eso, la vida también trata de **compartir mutuas experiencias**, fortalezas y esperanzas para encontrar un bien común.

Así que, si te das a la tarea de investigar un poco, te darás cuenta de que siempre **podrás encontrar una solución** a tu alcance, no importando lo que estés viviendo en ese momento.

No hagas caso cuando tu enemigo interno te diga **"No puedes más"**. Demuéstrale que se equivoca con tus acciones.

La lectura es vital y fundamental para entender tus miedos, te has preguntado **¿Cómo superar un miedo?**, si de primera instancia no tienes idea de que lo tienes, puede sonar incluso gracioso en estos momentos, pero estoy casi seguro de que ya te lo preguntaste en alguna ocasión.

¡Hazlo ya!, Solo así aprenderás de la experiencia de los demás y te ayudarán a desenvolverte de una mejor manera.

Hoy en día, la información disponible sobre un tema es muy extenso **gracias a internet**, así que de ti depende navegar para perder el tiempo, o para **crecer como persona.**

Se suele decir que, en el presente, cualquier persona tiene más información en la palma de sus manos mediante el teléfono móvil, que en la época de Albert Einstein o Gandhi.

La información es poder

¿Cuántas veces no hemos escuchado esto?

De ti depende usarla para convertirte en una persona de éxito, o en una persona más de ese 99% que no hacen nada por crecer. Saca el genio que llevas dentro.

Algunas personas probablemente ya tienen el **hábito de leer,** por esta razón, su camino y mentalidad cada vez se acercará más a ese anhelo de libertad y de riqueza, claro está, esto también depende mucho del contenido de su lectura.

Pero si tú eres de aquellos que aún no tienen ese hábito de leer y aprender, al igual que con el ejercicio, **a veces basta sólo con empezar** y no rendirse.

Acostúmbrate a leer de forma habitual, unos 20 o 30 minutos al día, pero sobretodo, busca aquellos géneros de lectura que se enfoquen en **tu crecimiento personal, financiero y espiritual.**

¡Cuidado! No te estoy diciendo que aquellos temas que también disfrutas como las novelas, el terror, la historia o las biografías, sean malos, también enriquécete de ellos, pero considera como prioritarios, aquellos que harán que saques **la mejor versión de ti.**

Las cosas grandes comienzan pequeñas, hasta el roble mas grande comenzó como una semilla. Incluso el imperio más grande de la historia comenzó como un simple susurro en la mente de una persona.

Es admirable la historia de Jeff Bezos, CEO y Fundador de Amazon, el nos platica que se encontraba como empleado en un puesto bien remunerado de una empresa relacionada con las finanzas, **tomó su miedo a dejar esa comodidad y emprendió el camino que el deseaba**, en aquel entonces su empresa comenzó vendiendo libros desde su garaje, así es, en pocas palabras él escogió lo grandioso sobre lo bueno que tenía, al momento de escribir este libro, Jeff es...

La persona con más dinero del mundo.

Haz algo que **te apasione a ti** y no intentes perseguir la pasión y sueños de otros, aunque que te paguen por ello, no seas empleado de los sueños de otras personas.

Escucha esa pasión dentro de ti y deja que sea la fuente de tu motivación, la fuerza que te guíe.

Las tendencias son un destello, pero la pasión profunda es duradera, **el legado se construye a partir de una producción sostenida en el mundo a largo plazo.**

El amor y la pasión por cumplir tu propósito, es el combustible para crear algo que perdure.

Perseguir a otros solo te convertirá en un imitador, en parte de ese 99% de personas normales. Sigue ese llamado dentro de ti y **sé el creador.**

Encuentra "Esa razón" que **tiene sentido para ti**, esto incrementará tú motivación personal. Encuentra esas cosas en tu vida que te despiertan una **emoción intensa.**

Al final de tu vida **<u>nunca te arrepentirás</u>** de no haber aprovechado esa gran idea que tuviste.

Afirmar una clara visión de tu pasión y tu propósito de vida, le permitirá a tu mente subconsciente tener una base sólida para poderla materializar en tu realidad.

Cuando ese destino sea inmensamente claro en tu mente y detecte que no te estás moviendo hacia él, esta creará una emoción negativa que servirá como **motivación** para nuevamente encausarte a ello.

Durante el proceso perderás familia, amigos, tiempo y dinero... esto no importa por muy doloroso y distinto que sea, considera que, al llevar a cabo tu pasión, unos pocos grandes éxitos, compensan docenas y docenas de situaciones que no funcionaron.

Es importante puntualizar lo siguiente, incluso si extrañamente tu idea apunta hacia el fracaso, obtendrás un conocimiento valioso que te ayudará a **acercarte a tu meta.**

No puedes dejar que los fracasos te quiten lo mejor de ti, de tu inspiración, de tu propósito, mejor celebra mucho tus éxitos, deja que eso sea tu principal fuente de inspiración.

Sino puedes tolerar las críticas, no harás nada nuevo o interesante, te convertirás en **una persona normal** y entonces sabrás que habrás desperdiciado tu vida.

Siempre habrá alguien que no concuerde con respecto a tu visión y lo que estás tratando de transmitir.

Romper paredes atrae todo tipo de atención, **tanto positiva como negativa**, siempre que te midas a ti mismo por las opiniones de los demás, te vuelves un ser vulnerable, porque ninguno de ellos está siendo objetivo en sus puntos de vista.

Así es, la envidia en todo su esplendor.

Las perspectivas de los demás se basan en donde ellos se encuentran, no en donde tu te encuentras, haz lo que te apasiona y deja a un lado las opiniones de los que no viven tu vida.

¡Vive y deja vivir!

Al final, somos nuestra elección… somos lo que decidimos ser, entonces decídete en comenzar a escribir una gran historia llevando a cabo tu propósito de vida.

Ponte contra las cuerdas, cambia los términos en tu mente relacionados al fracaso y comienza a relacionar esos conceptos con aprendizaje.

"O tengo éxito… o encuentro varias maneras de aprender hasta conseguirlo"

Pero ya no le dices a tu subconsciente…

"Varias veces fracasé… hasta que encontré el éxito"

Es sólo cuestión de enfoques, de cómo es que observas la vida ante las adversidades y los aciertos.

La historia que nos permitimos jugar en nuestras mentes va a **inspirar las acciones que tomamos**, tener un destino trazado de antemano, nos permite tomar decisiones en esa dirección sin retrasos o inconvenientes.

Esta historia que narramos en nuestras mentes y reforzamos continuamente, crea la base para cada elección que hacemos.

Escribe una buena historia, en la que el protagonista (tú) esté realizando día a día su pasión, **su propósito**... su "¿Para qué?".

Haz que esa historia se escriba, hoy decidiste ser exitoso, no importa el miedo, solo no permitas que te paralice, apaláncate de él, aprende y lógralo.

¡Es tu vida y es solo una!

Encuentra "ese algo" que incrementa tu **motivación personal,** aquello que te despierte una emoción intensa, lo que te motive a despertar todos los días y que tenga la finalidad o la intención de impactar y ayudar a los demás.

De encontrar este mundo... un poco mejor de cómo lo encontraste.

¡Esa es la clave!
Al final de tu vida, nunca te arrepentirás de haber aprovechado esa gran idea que tuviste.

Es muy importante que **apuntes a lo más alto**, aunque muchas veces parezca que apuntas al fracaso, esto me recuerda un concepto que Tomás Alva Edison decía de forma constante:

"Yo no fallé mil veces antes de descubrir la bombilla, simplemente encontré mil maneras de cómo no hacerlo".

Considera que si adoptas esto como tu nueva mentalidad, aprovecharás todo el conocimiento valioso que eso conlleva y como resultado te acercarás más al éxito.

No puedes dejar que los fracasos te quiten lo mejor de ti, y aunque suene muy reiterativo, sigue intentándolo, **se paciente, asimila, comprende y ejecuta.**

Si ocupas esta técnica, te aseguro que obtendrás sólo **dos resultados** importantes, garantizado:

1.- Aprenderás la manera de no hacerlo.
2.- Lo has logrado.

¿Lo habías pensado así?, pues ahora que lo sabes, aprovecha este conocimiento y hazlo ya.

Desde que yo mismo comencé a aplicar estos conceptos a mi diario vivir, estoy más feliz en mi trabajo, tengo más energía, soy mejor hijo y hermano, mejor amigo y jefe... un mejor compañero.

Tengo definitivamente, ¡Una mejor vida!

La felicidad, es una pieza vital para mejorar las relaciones interpersonales, que como ya te he dicho, comienzan con la familia.

Sólo imagina llegar a tener un hogar, estable, armonioso, amoroso, funcional y **lleno de felicidad.** Esto te llevará a amar y valorar a tus seres queridos y disfrutarlos plenamente.

La felicidad crea claridad, paciencia, flexibilidad y vitalidad, sin dejar a un lado que las personas felices son mucho más agradables.

El verdadero fondo de la vida es la felicidad encontrada en el camino hacia el éxito.

No hay ninguna diferencia física entre tú y yo, de lo poco que puede diferenciarnos es quizá en que gestionamos el tiempo y administramos **nuestras finanzas.** Por eso estás aquí, totalmente convencido de lo que hoy debes hacer.

Dejemos a un lado las palabras **"Tengo que..."**, esa estructura gramatical no sabes cuanto esclaviza, presiona, no te deja actuar. Te invito a cambiar esa expresión por **"Voy a..."** este tipo de cambios que realices hoy en u manera de pensar y de hablar, a largo plazo harán muchos cambios positivos en tu vida.

Si puedes instalar el mismo marco mental de alguien que admiras o que puedes considerar como tu mentor, **experimentarás los mismos resultados**, te lo aseguro.

Tú siempre eres tu mayor inversión, haz que cuente, hazlo ya, evita lamentarte o arrepentirte de no hacerlo o de esperar ese famoso **"momento adecuado"**.

No hay nada peor que lamentarse de las acciones que nunca realizaste, así que no dejes para mañana algo que definitivamente puedes comenzar a hacer hoy.

La única inversión con retornos infinitos es la que haces en ti mismo, gracias a estos conceptos sé que comenzarás a asimilar la educación financiera como una inversión que ya harás, también estoy seguro de que asimilarás tus miedos, los entenderás y te apalancarás de ellos como has aprendido aquí.

Hay una frase que jamás olvidaré, aunque se que no es de su autoría, mi papá siempre la me la repite ante cualquier situación...

"La vida sigue..." y yo la he complementado y es una frase que dejaré como parte de mi historia...

"La vida sigue... ahora disfrútala"

Yo se que **podrás encontrar tu propósito de vida** y por esta razón, te sugiero un pequeño ejercicio, ya que como te habrás dado cuenta, estamos en el séptimo y último concepto, se acerca el fin de esta primera aventura.

¡ES HORA DE HACER UN EJERCICIO!

Vas a tomar lápiz y un papel, y lo dividirás en **3 columnas...**

1.- La primera columna le pondrás de título **"Miedos"**.
2.- La segunda columna llevará como título **"Cualidades"**
3.- Finalmente la tercera le colocarás **"Pasiones"**

En esta primera columna enumerarás absolutamente **TODOS TUS MIEDOS**, y cuando te digo todos, es todos. Escribirás todo lo que se venga a tu mente relacionado a este tema, incluso si colocas, *"miedo a las arañas"*, por favor coloca todos, *"miedo a ser feliz"*, *"miedo a la soledad"*, *"miedo al fracaso"* ... todos, de verdad colócalos, aunque ya que los pienses y suenen absurdos, escríbelos... *(Recuerda que esta hoja es para ti, no se la enseñarás a nadie)*

1.- OBJETIVO DE LA COLUMNA NÚMERO UNO

Detectar, admitir y corregir...

Es un principio básico, **¿Cómo poder eliminar de tu vida algo que ni siquiera tu conoces?**, no eres adivino y encima quieres tener el absoluto control de lo que te sucede, así no funciona.

Con esta lista de miedos, con franqueza vas a <u>**detectar**</u> cuáles son tus **miedos reales**, subráyalos o márcalos como tú gustes, ¿Cómo los vas a detectar? Esto lo harás con preguntando lo siguiente ante cada miedo...

¿Este miedo me impide ser feliz?

<u>**Admítelo**</u>, muchos de estos miedos **no son reales**, la mayoría son implantados por experiencias previas sin relevancia. Por ahora, únicamente vas a tener presentes **los que te impidan ser feliz.**

Ahora vamos a <u>**corregir,**</u> ¿Cómo lo harás?, es sencillo, camina con ellos, apaláncate de ellos, cuando sientas que una acción puede ser coartada por alguno de estos miedos ya identificados, solo recuerda esa motivación, esa pasión, y te aseguro que, aunque sea pequeño, pero darás un paso importante hacia el éxito.

Seguramente por tu mente pasa la idea "¿Así de sencillo los supero?", claro que suena fácil, porque lo es, solamente necesitas **determinación y carácter** para dar ciertos pasos, no seas como yo, una persona que a la primera de hacer este ejercicio ya quería que todo desapareciera y como por arte de magia ya fuera un **ser valiente y sin ningún miedo,** esto no se puede, **no es**

posible, solo considera que comenzar a entender lo que te tiene atado a esa silla sin hacer nada y solo ver como no tienes la vida que tu realmente quieres, es un enorme **gran primer paso**.

2.- OBJETIVO DE LA COLUMNA NÚMERO DOS Y TRES

Ahora que has descrito de forma precisa todas tus cualidades, vamos a sacarles provecho.

¿Ya te has dado cuenta la cantidad de cualidades que tienes?

Seguramente después de leer estos seis conceptos previos, has descrito más cualidades de las que tenías presentes antes de comenzar a leer este libro.

Ese era mi objetivo principal, ayudarte a que te dieras cuenta de que puedes ser mejor, que **tienes un potencial increíble** a tu disposición y que lo único que necesitas es ese empujón para dar tu primer paso.

Te invito a que sin miedo y ahora ya sabiendo tus cualidades admitas cuál es esa actividad que realmente te apasiona, y con apasionar me refiero a aquella actividad que realizas sin que nadie te la pida, aquella en la que puedes pasar horas y no te das cuenta del tiempo, así es, esa labor que disfrutas estar realizando.

Vas a tomar esa o esas actividades y ahora pondrás manos a la obra para poderla monetizar. Hay muchísimas maneras hoy en día de poderlo realizar.

Realiza diversas búsquedas por internet de cómo puedes hacerlo. Gracias a esta gran herramienta de la cual dispones hoy en día desde la palma de tu mano (así es, me refiero a tu equipo móvil) puedes comenzar.

Únicamente quisiera pedirte que consideres un punto, que aquello que amas realizar...

Te centres en ayudar e impactar a más personas y hacer de este mundo, un sitio mejor que el que tú has encontrado.

¡HAZLO YA!

Para finalizar...
ESTE CAPÍTULO

Después de haber leído estos **7 conceptos** te garantizo que has dado el **primer paso** hacia el camino de lo que siempre has deseado.

Las personas con **mentalidad de riqueza...** **siempre están en constante preparación**, y aquellas con mentalidad pobre... siempre están entreteniéndose sin preparación.

¿Y ahora qué puedo hacer? Hagamos un compromiso. (C C C C)

Recuerda que tenemos un compromiso, hazlo valer con tu palabra y acciones, haz un **<u>Compromiso</u>** contigo mismo, **<u>Comparte</u>** esta información con todo aquel o aquella persona que puedas y sobretodo, que sepas que lo necesita, en mi caso particular... la lista es inmensa, ahora, gracias a estos conceptos tienes las bases más sólidas para **<u>Crear</u>** una vida llena de éxitos, ahora para finalizar este compromiso, *<u>Cada mañana</u>*... hazlo ya.

"Usted es el amo de su destino. Puede influir, dirigir y controlar su propio entorno. Puede hacer de su vida lo que quiera que sea".

- Napoleon Hill

¡HAZLO YA!

Capítulo 8

Ya no hay conceptos, ahora es... ¡El Final, El Principio! Sólo decide.

Has llegado al ahora si, último capítulo de este libro, para mi significa que hoy te llevas en tu mente y en tu corazón, una nueva forma de ver la vida, una forma más consciente de tus pensamientos y nuevos principios que estoy seguro pondrás en práctica para alcanzar esos objetivos que tanto anhelas.

"No puedes ir atrás en el tiempo y cambiar el principio, pero puedes empezar de donde estés y cambiar el final".

- Anónimo

Este libro contiene una forma muy particular de transmitir estos **sencillos** conceptos, pero al mismo tiempo **extraordinarios** y complejos para una mente que inicialmente era incrédula, cerrada, orgullosa y testaruda, he aprendido como estos conceptos cambian la vida de cualquiera que los aplica. En lo particular, estos conceptos me han ayudado a tener una compresión distinta de todo lo que me rodea.

Prácticamente todo lo que eres o llegarás a ser, esta determinado por **tu comportamiento, tus sentimientos y sobretodo por tus pensamientos**, y si algo me satisface de este primer libro es que después de leer estos **siete conceptos**, ya te ha quedado muy claro este panorama.

El 95% de todo lo que piensas, sientes y haces esta determinado por **tus hábitos**, esto lo comentan especialistas del área de psicología.

El ser humano, es la única especie capaz de reprogramarse a sí mismo y de **modificar el curso de vida,** como ejemplo, ahora mismo puedes decidir todo lo que quieres hacer, pensar y decir, tú tienes ese control absoluto de ti mismo.

No permitas nunca, que nadie te arrebate ese privilegio.

Tienes la capacidad de convertirte en **la mejor versión de ti mismo.** ¿O has pensado que otra especie en este mundo también tenga esta habilidad?
Uno de los principios mas importantes relacionados con la **prosperidad y el éxito**, es la consecuencia de

realizar bien las cosas, además de los hábitos programados en las mentes de las personas que tienen éxito.

Sigue estos **7 conceptos sencillos** y te aseguro que terminarás obteniendo los mismos resultados que aquellos que hoy gozan de libertad, abundancia y amor.

Todo esto no es cuestión de suerte ni coincidencia, esto es una ley ¿Lo recuerdas?, entonces atrévete a dejar a un lado tus miedos, prejuicios, actitudes pesimistas y fatalistas, **hazlo ya,** haz a un lado todo aquello que te aleja de eso que más quieres.

Entre **la autodisciplina y la autoestima**, existe una relación directa, entre más disciplinado seas, mayor será tu autoestima, te respetarás y aceptarás de forma más absoluta.

Tu confianza y positividad ante cualquier situación te harán actuar como una persona muy segura. Te sentirás más dueño de tu propia vida, y no que la estás perdiendo como el 98% de las personas lo hacen.

Cada paso firme y cada acto de amor propio que tienes refuerza todos los demás hábitos. Si llegas a dominar estos 7 conceptos, seguramente te convertirás en una **persona diferente**.

De ti depende, si es el final de tu antiguo yo, esto va a determinar el principio de algo que te aseguro, **será mucho mejor de lo que tienes ahora.**

En cierta manera, estos hábitos son la forma **"Física y Mental"** de un todo y funcionan del mismo modo cuando te pones en forma al acudir al gimnasio con regularidad y utilizas las máquinas a tu alcance.

Si practicas estos **7 conceptos** mientras tu mente trabaja, tendrás una **mentalidad tan fuerte y en forma**, que estará lista para estos cambios que tanto deseas.

Fija claramente tus objetivos, ya tienes las armas y estos conceptos te ayudarán a iniciar tu nueva aventura rumbo a la vida que tanto deseas, **tener claros tus objetivos,** es uno de los hábitos más importantes que puedes desarrollar para tu vida.

Muchas personas a las que les he transmitido este conocimiento me han dicho que el llevar a cabo la acción de este proceso tiene **resultados** que puedes diferenciar casi **de forma inmediata.**

Determinar tus objetivos diariamente es bastante sencillo, créeme, escribe en una libreta, en tu móvil o tableta (hay muchísimas App enfocadas a productividad) o en un blog de notas, todos tus objetivos y tenla siempre a mano.

Cada mañana al comenzar el día o cada noche al terminarlo, abre tu lista y llénala de objetivos a cumplir, léelos constantemente, repítelos en voz alta y enfoca tus acciones hacia ellos.

¡Mira los resultados!

Comprométete con el aprendizaje continuo y recuerda no escatimar en esa área de inversión hacia ti mismo. Para estar en absoluta armonía de cuerpo, mente, alma, espíritu y corazón **desarrolla los hábitos de la meditación, el aprendizaje continuo y el desarrollo personal constante.**

Nunca te canses de esto y verás los resultados de lo que eres capaz. Pasar de la pobreza a la **riqueza mental,** es cuestión de que tu te decidas a hacerlo y estos **7 conceptos** que te he querido transmitir son ese gran paso para comenzar.

La **inteligencia emocional,** les da fuerza a estos individuos osados para pasar del enojo y la frustración, a una **vida abundante y próspera.**

Siempre tendrás las puertas abiertas, incrementa tu **inteligencia y tu creatividad**, usa los medios necesarios, estos serán herramientas que tu optas por aprenderlas o ignorarlas.

Los hábitos de la buena lectura ayudan a tu mente a desarrollarse a niveles que jamás sospechaste. **Tú diseñas tu propio destino.** Cada persona se hace así misma, la persona que eres ahora está determinada por todas las experiencias previas, desde tu infancia a la actualidad.

La persona que serás y que puedes llegar a ser, es algo que **solo tú** puedes controlar. Serás aquello en lo que piensas la mayor parte del tiempo.

El curso de tu destino depende del ahora, no del pasado o del incierto futuro, **solo por hoy** piensa determinando que poco a poco se llega lejos. Todo lo que eres y lo que serás esta determinado por lo que piensas en cada momento.

Quizá todo esto suene reiterativo, pero solo así podemos crear **conceptos sólidos** en nuestra mente. Asume el control total de tu mente, de tus pensamientos, de la forma de vivir y de actuar que ejecutas hoy en día.

Aprende a controlar **tu cuerpo, tu mente y tu espíritu** en conjunto, así no tendrás nunca más un conflicto relacionado a que lo que piensas, sientes y dices, no tiene sentido ni razón alguna. No permitas que tu mente se ocupe de las cosas que no quieres o de las que te han causado alguna **emoción negativa** como miedos, ira, frustración, tristeza, entre otras.

Hazlo ya y relaciónate con personas que respetes o admires, sean personas estables y honorables. Ahora estoy seguro de que cuidarás que el círculo de amistades **no sea tóxico.**

Sino recuerdas muy bien esto regresa a leer el **concepto 4,** donde platicamos y descubrimos la importancia de un círculo social sano, además, aprendimos a cómo identificar y clasificar a la **gente tóxica** que te rodea.

Ten bien clara la idea sobre el tipo de personas que quieres que influyan en ti, que te enseñen, **que te aporten** algo positivo a tus pensamientos y sentimientos, a tu forma de vivir.

Seguramente has escuchado aquello que nos dice Tony Robins:

"Tus ingresos serán los ingresos promedio de las cinco personas con las que pasas la mayor parte de tu tiempo"

En tu caso, identifica esas cinco personas con base a los 7 conceptos que hemos venido trabajando, realiza un análisis profundo y **medita tu crecimiento** relacionado con esas personas.

¡Ojo! No te estoy diciendo que aquellos con ingresos menores o que tengan una mentalidad pobre muy arraigada debas alejarlos de tu vida.

Recuerda que **ese 98% de la población no es culpable**, así ha sido su formación y su educación, desafortunadamente es la mentalidad que les han implementado.

Te puedo decir que, en mi experiencia, las personas que comienzan a ver que eres **"diferente"**, se alejan, se hacen a un lado de tu vida, este es un fenómeno muy común y sucede muy a menudo.

Por esta razón, te aseguro que, al estar trabajando en **aplicar estos 7 conceptos,** tus formas de sentir, pensar y actuar tendrán un cambio impresionante. Serás capaz de atraer una forma de vida totalmente diferente a la que vives el día de hoy.

Te mereces un bono...

Modo Descambiando

A lo largo de este libro notaste que en diversas ocasiones hable de este famoso ***"Modo"***, bueno quisiera contarte un poco sobre él y al mismo tiempo introducirte de lleno en esta modalidad.

Esta modalidad es **más que un concepto,** para mi, es una nueva forma de vida, considérala como un interruptor en tu mente que puede activarse o desactivarse según sea el caso.

El origen del ***"Modo Descambiando"*** deriva del quitar y de cambiar, el prefijo <u>***Des***</u> que denota negación o inversión de un significado nos invita a quitar o revertir nuestra actualidad y, por otro lado, la acción de <u>***Cambiar***</u>, que invita a hacer algo por nosotros mismos, **la acción de "Hazlo Ya".**

Seamos realistas. Cuando comenzamos a envolvernos en diversas situaciones o contextos, esta inicia con una motivación o euforia extrema. Suena gracioso, recuerda aquellas promesas de año nuevo, *"Este año bajaré no sé cuántos kilos y entonces haré ejercicio y llevaré una vida saludable y sana..."* 4 días después... ya sabes el resto de la historia.

Claro está, no todos actúan así, siempre hay personas determinadas con la mentalidad del *"Modo descambiando"* que cuando se fijan un objetivo de ese tipo, lo trabajan día a día para lograrlo.

Todos tienen en común un factor esencial para lograrlo, **la motivación**, es por eso por lo que a lo largo de este libro hemos platicado mucho el tema de la necesidad inminente de encontrar **tu propósito de vida,** con esto, encontrarás sin duda alguna tú motivación.

Hazlo ya, activa el modo descambiando y **diferénciate de ese 98% de las personas normales,** tienes todo el potencial para convertirte en un ser extraordinario.

Si has llevado a cabo los diferentes ejercicios que te he sugerido en los **7 conceptos** que previamente hemos platicado, podrás hacer lo siguiente:

Visualízate como una persona que emite un color distinto al de los demás, quizá un amarillo fosforescente, en mi caso es el color naranja, así me visualizo todos los días, que **soy un ser naranja distinto** y preparado para todo, con Dios por delante y con muchas ganas de ir cumpliendo mis metas ayudando y ayudando cada vez más a la gente.

Una de las cosas más importantes de este **"Modo"** no es enseñarte a cómo amasar dinero, a cómo obtenerlo fácil o determinar maneras de acumularlo. **Descambiar te invita** precisamente a que te enfoques en algo sin precedente:

El "Modo Descambiando" no te invita a acumular riqueza; te invita a que hagas los que sepas hacer de manera inigualable y extraordinaria, que beneficie a los demás y en consecuencia la riqueza abunde.

Si durante el diario vivir, las personas a tu alrededor no te entienden y comienzas a percibir una **sensación de soledad**, te felicito, vas muy bien.

Entrar a este **modo de vida extraordinario** no es fácil, tampoco es para todos, aunque realmente es para todos, no todos quieren, a mucha gente le gusta y se regodea en la pobreza, en esa **mentalidad mediocre**, les gusta ser parásitos.

¡Ojo! Esta forma de expresión no es un insulto ni un menosprecio, **es la realidad**, a aquellas personas no hay que verlas con lástima, hay que ayudarles a que pasen del

lado próspero y abundante de la vida. No todos van a querer, lo sé, pero con que toques la vida de una persona, todo habrá merecido la pena.

Identifícalos, se que conoces muchos a tu alrededor, algunos son familia, otros "amistades entrañables", pero tu eres distinto, que tu ejemplo **Descambiante** traspase barreras, que arrases con tu ejemplo. Aquella frase de *"No puedes dar lo que no tienes"*, es muy real.

"No esperes cosas extraordinarias de gente ordinaria, ni esperes cosas ordinarias de gente extraordinaria"

Entrar a este modo te hará realizar las cosas más extraordinarias y que jamás imaginaste, un modo que **te invita por todos lados a ser mejor,** pero sobretodo, a **ayudar a los demás a serlo**, a que se realicen, a que encuentren aquello que añoran.

No importa la edad, optar por ser una persona Descambiante y de naturaleza extraordinaria simplemente es de **decisión**, la decisión de hacer algo por mi, algo que sabes que va a afectar a tu alrededor, pero no con palabras vacías, *una persona descambiante lo demuestra con hechos*, con bases.

Te invito a que, dentro de esta nueva forma de **Descambiar la vida**, te atrevas a preparar el más hermoso jardín que puedas cultivar; ¿Sabes dónde cultivarás esto?...

En ti mismo...

<u>*Sino lo preparas ni le das prioridad, no esperes una buena cosecha,*</u> no esperes que las mariposas se posen, no esperes que ahí salga el sol... te lo digo yo... no esperes a que pase nada... **se un normal más.**

A los normales, **nadie los recuerda**, o en este momento ¿Podrías enumerar 10 personas normales relevantes?, **¡Claro que no!,** porque esas personas por eso son normales, porque no han dejado huella en nada, no han podido influenciar en nadie, es más, ¿Quién sabe cuando murieron?, pues yo te digo, **murieron el día que su miedo les paralizó**, decidieron no salir del conformismo y vivir una vida simple y normal.

¡Respetable! Pero a esas personas les digo que me da mucha pena que se dejen arruinar por un **miedo al cambio.** No seas un ser normal y descámbiate, eres un ser humano extraordinario, atrévete, **hazlo ya.**

Te invito a que te des una vuelta por mi blog personal, donde encontrarás información gratuita sobre muchos de los temas que hemos tocado en este libro.

Visita www.descambiando.com

Activa tu *"Modo Descambiando"* cuanto antes y observa la vida tan maravillosa que te espera.

Sé que este bono ha sido breve... ha sido una pequeña muestra de lo que vivirás y de lo que está por venir.

Bienvenido a este nuevo mundo, a esta nueva forma de pensar, de vivir y de actuar. **¿Buscabas la felicidad?**

¡Felicidades! _Estás a solo 7 pasos (conceptos) y un "modo" de cambio_ que te llevarán directo a ella.

Para finalizar...
ESTE LIBRO.

Por supuesto que quiero agradecerte el tiempo, el dinero y el esfuerzo que has invertido en mi libro.

Si he logrado mejorar tan solo un poco tu forma de ver la vida y cómo la puedes transformar, aunque sea en lo mínimo, le has sumado un poco más de sentido a mi vida y por eso **te estaré eternamente agradecido.**

Este es el final, pero también es el principio.

¿Ahora lo entiendes verdad?

Antes de despedirme quisiera que reiteráramos ese compromiso que dejamos en el **concepto número siete**, las CCCC.

- **Haz un Compromiso contigo mismo.**
- **Comparte esta información.**
- **Crea una vida llena de éxitos.**
- **Cada mañana... hazlo ya.**

El mundo está lleno de abundancia, genera y atrae esas oportunidades, recuerda que el 98% de las personas normales desean todo, pero, sin cambiar su actitud y sin hacer nada.

De este alto porcentaje de personas, muchas llegan a encontrar **la fuente de la abundancia**, pero les da tanto miedo beber de esa agua, que llegan a ella con un vaso vacío y la libertad de poder llenar ese vaso, pero hay otras personas (ese 2%) que cuando llegamos a esa fuente, con todos nuestros miedos, **llevamos cientos de cubetas** para podernos llenar con todo de abundancia.

Atrévete a dar el paso, espera **buenos resultados**... y te llegarán buenos resultados, si eres pesimista y esperas siempre lo peor de las cosas... pues ya sabes lo que llegará.

Tienes **la libertad** de desechar o aplicar estos conceptos en tu vida diaria, si los usas, estoy seguro de que tu vida cambiará radicalmente, pero en caso de decidas ignorarlos, tu vida simplemente será la misma.

¿Pierdes algo con aplicar estos conceptos?

¡Claro que no! Hazlo ya. No tienes nada que perder, lo único que tienes ahora son solo miedos que debes trabajar en aceptar y ocuparlos de palanca para **alcanzar la vida** con la que has soñado tanto tiempo.

El candado...

Ahora para despedirnos, quisiera hacerte que cerráramos este libro con una última acción que te invito a leerla y realizarla al momento de despertarte:

"Qué tal si hoy, simplemente nos sentimos agradecidos por todo"

De nuevo, **gracias, gracias, gracias** por darte el tiempo de leer este libro, te agradezco que me has permitido el poder aportarte algo distinto.

Sigue adelante, no estás solo, puedes leer las veces que sean necesarias estos conceptos, llévalos a la práctica y **disfruta la cosecha** de esta nueva siembra.

En lo personal, escribir este libro ha sido un desafío, ya que al momento de su escritura el mundo vivió la peor crisis de salud y económica de los últimos 100 años.

Quizá la habrás vivido, quizá no, probablemente solo sea un recuerdo o esté en los libros de historia, no lo sé, lo único que quiero agradecerte es que al comprar este libro estás permitiendo que crezca personalmente para impactar a más personas.

Nuevamente te pido ese compromiso que hemos pactado, si crees que algo en este libro fue relevante o de importancia o que encontraste entre tanta información una perla, **compártela**, de verdad tu sabes a quién quieres ayudar.

Hagamos que tu crecimiento sea épico, inolvidable y trascendente.

Para despedirme...

...Disfruta este regalo...

"La inspiración... te da un deseo; la decisión... lo convierte en una intención; y la acción... lo hace realidad"

Espero sinceramente que... "vivas todos los días de tu vida..."

...Hasta pronto... te veo en lo más alto.

¡Hazlo ya!

Acerca del autor

Eric Jiménez, nacido en Puebla, México en el año de 1987, médico de profesión, actualmente director general de Intermedical, fundador y CEO de Descambiando.

Realiza este proyecto personal con la única finalidad de mejorar la calidad de vida de las personas tomando en cuenta el sentido personal, espiritual y financiero. Es administrador de instituciones de salud graduado con mención honorífica al mérito académico.

Emprendedor con habilidades en diversas áreas humanas y personales, con un amplio conocimiento en el desarrollo espiritual. Es una persona llena de ilusión y ganas de poder ayudarte y aportarte a tu vida, sumar y cambiarla.

El sabe que no es fácil emprender un camino distinto… pero no importa… te espera en la cima ganador o ganadora.

www.descambiando.com
youtube.com/descambiando
facebook.com/descambiando
Twitter: @descambiando
Instagram: @descambiando

www.ingramcontent.com/pod-product-compliance
Lightning Source LLC
Chambersburg PA
CBHW031620210526
45464CB00004B/1669